LK 14/251

# MÉMOIRE DE LA NOBLESSE DU DIOCÈSE DE TOULOUSE,

Sur le droit qu'ont les trois Ordres de former les ÉTATS GÉNÉRAUX de la Province de LANGUEDOC, ou d'y envoyer leurs Représentans.

1789.

# AVERTISSEMENT.

Comme un apperçu trop rapide sur les droits & la constitution de la Province aurait été insuffisant, & qu'un trop long détail des principes & des faits aurait retardé la marche du Mémoire, nous avons cru devoir rejeter les éclaircissemens & les preuves dans des Notes, où nous avons tâché de ramener, avec autant de liaison & de clarté qu'il nous a été possible, tout ce qui peut servir de fondement aux réclamations des trois Ordres. Nous nous sommes fait une loi de ne rien avancer, qui ne soit fondé sur les monumens les plus authentiques, ou sur le témoignage des Historiens les plus estimés. Parmi ces Auteurs, Dom Vaissete est celui que nous avons cité le plus volontiers, parce que n'ayant écrit que par l'ordre & sous l'inspection des Barons & des Evêques, son opinion ne saurait leur paraître suspecte : la manière dont il s'est attaché, dans plusieurs passages de son Histoire générale de Languedoc, à relever leurs prétendus privileges, en dissimulant les véritables droits de la Province relativement aux Etats, doit rendre plus précieuses les vérités qui lui sont échappées à ce sujet.

# MÉMOIRE
## DE LA NOBLESSE
## DU DIOCÈSE
## DE TOULOUSE,

*Sur le droit qu'ont les trois Ordres de former les ÉTATS-GÉNÉRAUX de la Province de LANGUEDOC, ou d'y envoyer leurs Représentans.*

---

Parmi les droits inhérens à la constitution primitive de cette Province, le plus précieux, sans doute, est celui de s'administrer elle-même, & de ne pouvoir être assujettie qu'à des tributs offerts ou librement accordés. L'exercice de ce droit suppose essentiellement des Assemblées d'Etats ou de Représentans

A

choisis dans tous les Ordres par l'univerſalité des Citoyens intéreſſés. Rien de plus encourageant, rien de plus utile dans une Monarchie, que ces ſortes de conſtitutions provinciales, tant que les lois de la repréſentation y ſont reſpectées. Chacun ſe regarde comme aſſocié au Gouvernement de ſon Pays. On ſent qu'on a une Patrie ; & ce ſentiment qui éleve l'ame, eſt le mobile infaillible des ſacrifices perſonnels & des grandes actions. Mais ſi la repréſentation devient nulle ou illuſoire, ſi quelques Membres parviennent à ſe perpétuer dans l'adminiſtration, s'ils ſe rendent les arbitres des privileges & de la propriété de leurs Concitoyens dont ils ne doivent être que les organes ; dès-lors plus d'émulation, plus d'harmonie, plus de lien qui attache à la Patrie, à l'Etat ; on éprouve tous les inconvéniens de l'ariſtocratie ; on eſt malheureux par cette même conſtitution, d'où découloit, auparavant, comme de ſa ſource naturelle, le bonheur général & individuel.

Telle eſt la funeſte révolution qui s'eſt opérée dans les Etats de Languedoc. Les Archevêques & Evêques ſe ſont arrogé le privilege d'y aſſiſter ſeuls pour le Clergé. Le Tiers-Etat n'y jouit que d'une ombre de repréſentation. La Nobleſſe n'y eſt nullement repréſentée, puiſque les 23 Barons qui prétendent y figurer exclusivement en son nom, ne sont revêtus d'aucun pouvoir émané d'elle. C'est contre cette violation des principes les plus sacrés, que la Noblesse de Toulouse vient réclamer aujourd'hui. Elle ne s'isolera point dans le développement des droits qui lui sont propres. Les droits du Clergé, les droits du Tiers-État entreront également dans le plan de restauration qu'elle sollicite. Et pourquoi séparerions-nous notre cause de l'intérêt de ces deux Ordres ? Le bien public est l'unique objet qui nous anime : c'est l'oriflamme que nous présentons à nos Concitoyens ; puissent s'y réunir avec nous, tous les esprits & tous les cœurs (*) !

Si, comme le Dauphiné, nous n'avions à demander que le rétablissement absolu de nos États ; comme cette Province, nous nous bornerions à exposer simplement nos vœux : mais il existe en Languedoc un simulacre d'États, qu'il faut d'abord renverser ; pour cela, il est nécessaire de faire connoître

---

(*) C'est du sein de la Noblesse de Toulouse, qu'est parti le premier cri contre l'inconstitution des Etats de Languedoc. Elle exprima d'abord ses vœux dans le discours qu'elle prononça au Parlement de Toulouse, lors de sa réintégration, dans le mois de Septembre 1788, & ensuite dans le Mémoire qu'elle adressa, au commencement du mois de Novembre suivant, à l'Assemblée des Notables.

l'ancienne organisation avec les franchises, les libertés, les droits imprescriptibles de la Province, & de dévoiler la source des innovations & des abus destructeurs qui se sont glissés dans son administration.

L'origine de nos États est plus ancienne que la Monarchie Française : les plus savans de nos Historiens la rapportent aux assemblées générales tenues d'abord par les naturels du pays, & rétablies, sous les Romains, par une loi de l'Empereur Honorius (*a*).

D'après cette loi, qui détermine le droit d'entrer à ces assemblées, comme dérivant de la propriété, elles devaient être composées *des Députés de chaque Province* en général, & *de chaque* ville en particulier (*b*). Voilà les caracteres d'une véritable représentation. Que peut-on entendre par *Députés* d'une Province, d'une Ville, sinon des personnes librement choisies par tout le Peuple intéressé de cette Ville, de cette Province, & spécialement chargées d'exprimer la volonté générale ?

Qu'il est beau de voir le Languedoc, dans le cours des différentes révolutions qu'il éprouva, conserver toute la force de sa

---

(*a*) NOTE I.

(*b*) Voy., à la fin du Mémoire, les Notes contenant preuves, pag. 2 & 3.

constitution primitive, & par conséquent l'usage précieux des ses assemblées! Le fondement de cette constitution est le droit originaire qu'avait la Province, sous les Volces & sous les Romains, de ne pouvoir être assujettie à aucun impôt sans le consentement des contribuables; droit dans lequel elle fut expressément confirmée, sous les Visigots, par une loi consignée dans leur Code; sous les Rois de la premiere & de la seconde races, par l'obligation qu'ils contracterent de la régir selon les lois Romaines & Gothiques; sous le gouvernement des Comtes, par plusieurs articles des Coutumes rédigées de leur autorité; sous les Rois de la troisieme race, par le serment qu'ils firent de ne jamais violer ces Coutumes, & par une infinité de lois qu'ils ont successivement renouvelées (*a*). Ce droit renferme nécessairement celui de s'assembler en corps, ou par des représentans. Aussi voyons-nous, par l'histoire & les monumens de ces anciennes époques, que les États-Généraux du pays continuerent de se tenir dans la forme prescrite par Honorius; avec cette différence que la malheureuse Classe des Sujets, qui avait été long-temps exclue de ces assemblées, y fut enfin appelée, comme formant un troisieme Ordre de Ci-

---

(*a*) NOTE II.

toyens. Arrêtons nos regards fur cette intéreffante révolution, qui donna une nouvelle énergie à la conftitution politique de la Province.

Depuis qu'ils avaient ceffé de vivre fous la domination Romaine, les habitans du Pays étaient divifés en libres & en ferfs. Les premiers étaient tous réputés Nobles; parce que tout homme libre était obligé au fervice militaire, & qu'alors la Nobleffe était inféparable de la profeffion des armes (*a*).

Jufques-là les Nobles indiftinctement, & les Ecclefiaftiques du premier & du fecond Ordre, exercerent le droit exclufif de parler au nom de la Province, ou d'en être les repréfentans (*b*) : mais, lors même qu'elle gémiffait fous les entraves de la féodalité, ils eurent la gloire de donner en France les premiers exemples du retour au droit naturel. On voit, en effet, dès le onzieme fiecle, un nombre confidérable de *Bourgeois* figurer pour le Tiers-Etat, avec la Nobleffe & le Clergé, dans une Affemblée générale du Pays (*c*).

Le fiecle fuivant vit s'établir en France & renaître en Languedoc, fur les ruines de

---

(*a*) Notes contenant preuves, pag. 10 & 11.
(*b*) NOTE III.
(*c*) NOTE IV.

l'efclavage, le gouvernement municipal des Villes (\*) qui, dans la fuite, formerent la repréfentation du Tiers-Etat dans les Affemblées de la Province, ainfi que dans celles de la Nation. C'était un grand pas vers la liberté : mais les habitans des campagnes étaient toujours ferfs. Ce ne fut qu'au quatorzieme fiecle qu'ils recouvrerent tous dans le Languedoc ce don précieux & inaliénable de la nature, dont la privation avait été autorifée par des lois féroces, & ~~toujours~~ toujours réprouvée par les lois éternelles de l'équité : on verra même qu'ils n'ont jamais joui du droit de concourir, avec les habitans des Villes, à l'élection de leurs repréfentans,

―――――――――――――

(\*) Sous le régime féodal, il n'y avait d'hommes véritablement libres que les Eccléfiaftiques & les Seigneurs. Tous les autres étaient plus ou moins efclaves : au commencement du 12me fiecle, Louis-le-Gros leur permit, dans fes Domaines, d'acheter la franchife, de fe choifir des Maires & des Echevins. Alors fe forma le Gouvernement municipal des Villes & des Bourgs, qui devinrent autant de petites Républiques fous le nom de Communes.

Ces établiffemens pafferent infenfiblement des Domaines de nos Rois dans ceux de leurs grands Vaffaux.

« Les Villes de Languedoc qui obtinrent de leurs Sei-
» gneurs immédiats l'établiffement de leurs Communes, dit
» Dom Vaiffete, tom. 2, pag. 515, ne firent que rentrer
» dans l'ufage où la plupart avaient été, fous la domination
» des Romains, peut-être même fous celle des Vifigots &
» des Rois de la Iere Race, de fe gouverner par leurs pro-
» pres lois & leurs propres Magiftrats; au lieu que les
» Villes du nord de la France n'avaient jamais joui d'une
» pareille liberté avant le 12me fiecle ».

quoiqu'ils forment la portion la plus nombreuse & la plus utile de la nation ; c'est un reste de l'ancienne barbarie, que les principes d'une bonne administration ne permettent pas de laisser plus long-temps subsister.

Telle étoit l'organisation de nos Etats, lorsqu'après la réunion de tout le Pays au domaine immédiat de la Couronne, ils commencerent à déployer, sous Philipe-le-Bel, cette fidélité pour nos Rois, qui a toujours mérité au Languedoc un rang distingué parmi les autres Provinces du Royaume.

Ce n'étoient pas, comme aujourd'hui, les Archevêques & Evêques seulement, mais avec eux les Députés du Clergé du second Ordre ; ce n'étaient pas quelques Membres privilégiés de la Noblesse, mais tous les Nobles indistinctement ; ce n'étaient pas enfin les Consuls de quelques Villes, mais les Consuls & les Députés de toutes *les bonnes Villes*, qui étaient appelés aux Etats-Généraux de la Province : témoin les divers monumens qui nous restent de ces temps réculés, & notamment les Lettres de convocation que Philipe-de-Valois fit adresser aux sept Sénéchaussées qui composaient alors le Gouvernement de Languedoc (*a*).

Le déplorable traité de Bretigni réduisit

---

(*a*) Notes cont. pr. pag. 23 & 24.

té Gouvernement aux trois Sénéchauflées de Touloufe, de Beaucaire & de Carcaffonne, dont le reffort embraffait anciennement l'étendue actuelle de la Province (*a*) : mais il ne changea rien à la maniere d'en convoquer les Etats. On affemblait tantôt les trois Ordres des trois Sénéchauflées en général, tantôt ceux de chaque Sénéchauflée en particulier : fouvent on ne convoquait que le Tiers-Etat (*b*), parce que la Nobleffe était prefque toujours fous les armes, & que le Clergé contribuait féparément par des décimes. Dans tous le cas, les Lois de l'organifation propre à chaque Ordre étaient fcrupuleufement obfervées. Eh ! qui aurait ofé entreprendre de les violer dans ces fiecles de Patriotifme où la moindre atteinte, donnée aux libertés du Pays, excitait une infurrection générale (*) ?

La Province n'était fi jaloufe de conferver tous fes droits, qu'afin de mieux faire éclater fon zèle pour l'Etat. Combien ne le fignala-t-elle pas ce zèle dans ces temps défaftreux, où la Monarchie fut fi violemment ébranlée par l'ambition & les fuccès de l'Angleterre ?

---

(*a*) Notes cont. pr, pag. 25.
(*b*) Notes cont. pr. pag. 25, 26 & 27.
(\*) Voy. l'Hift. gén. de Lang. tom. 4, pag. 91, 119, 213, 255 & 256, &c. &c. &c.

B

De simples Administrateurs auraient-ils osé ou pu déterminer les efforts extraordinaires qu'elle fit en faveur du Roi Jean, & sous le regne plus malheureux encore de Charles VI ? Tous les contribuables étaient épuisés par des sacrifices qu'il fallait sans cesse renouveler : mais ils les faisaient volontairement, ou par eux-mêmes, ou par ceux qu'ils reconnaissaient pour leurs vrais représentans; & la gloire individuelle & immédiate qu'ils en recueillaient, multipliait leurs forces en ranimant leur courage.

Par quels prodiges de générosité le Languedoc ne contribua-t-il pas sur-tout à soustraire la France au joug funeste que lui avait imposé l'infame traité de Troies, à repousser pour toujours dans leur Isle les ennemis naturels de la Nation, à placer & à soutenir le Prince légitime sur le trône de ses peres? Convaincu qu'il était, en quelque sorte, redevable de sa couronne à la Province, Charles VII signala sa reconnaissance envers elle par la concession de plusieurs nouveaux privileges, & par la maniere éclatante dont il répara une infraction faite à ses libertés originaires. Le Comte de Foix avait entrepris de faire lever un subside au nom du Roi, sans en avoir obtenu le consentement des trois Ordres. La Province s'en plaignit; & le Monarque ordonna aussitôt à l'injuste Gouverneur de se resserrer dans les bornes de son autorité. On lit dans la Loi qui contient cet acte de justice, " que la Province avait " été *de tout temps* en telle liberté & fran- " chise, qu'on ne pouvait imposer sur elle " aucune aide ou taille, sans, premierement, " appeler & faire assembler le conseil ou " *les députés des trois Etats du pays* (*a*) " : expressions remarquables, qui prouvent combien la forme de nos Assemblées Générales avait toujours été constitutionnelle, & combien elle l'était encore dans le quinzieme siecle (*b*). Pourquoi faut-il qu'on l'ait dégradée, relativement à chacun des trois Ordres, au point qu'il n'est plus possible de la reconnaître? Tâchons de découvrir par quels ressorts des Administrateurs arbitraires & perpétuels sont parvenus à s'enter sur l'ancienne organisation. Le développement même de ces ressorts donnera un nouveau relief aux monumens d'une constitution qui avoit fait si long-temps la gloire & le bonheur de la Province.

Il y a plus de deux siecles que les Archevêques & Evêques de Languedoc exercent le privilege d'entrer seuls aux Etats pour le Clergé; qu'on n'y appelle, pour la Noblesse,

---

(*a*) Notes cont. pr. pag. 27 & 28.
(*b*) NOTE V.

que des Barons dont le nombre a été réduit à celui des diocèses du pays ; & qu'on n'y reçoit, pour le Tiers-Etat, qu'un Consul des Villes diocésaines, avec un ou deux Consuls de chaque capitale de Diocèse. Tout ce qui faisoit l'essence de nos Etats, a donc disparu : il n'en reste que le nom sans aucun caractere représentatif. Peut-on dire, en effet, que le second Ordre du Clergé y soit représenté par les Evêques, qui n'ont d'autre pouvoir que celui qu'ils se sont eux-mêmes arrogé ? Peut-on dire que la Noblesse y soit représentée par les Barons, dont l'unique titre consiste dans des lettres qu'ils ont obtenues du Prince ? Peut-on dire que le Tiers-Etat y soit représenté par les Consuls de quelques Villes qui ne les ont pas élus, par des Consuls qui ne connaissent pas même les vœux de leurs prétendus constituans, & moins encore ceux de la classe précieuse des cultivateurs ?

Comment s'opéra cette étrange innovation (a) ? l'histoire se contente d'en rapporter vaguement l'époque à la fin du quinzieme siecle : mais ce ne fut que dans le cours du seizieme que l'ancienne organisation fut ouvertement violée. Il est vraisemblable que les Etats s'étaient réduits insensiblement par

---

(a) NOTE VI.

l'absence volontaire de leurs Membres. La preuve en est même dans des Lettres-Patentes de François I, qui se plaignait, l'an 1533, de ce que les Ecclésiastiques & *les Seigneurs Temporels* en général *discontinuaient de venir* à ces Assemblées, selon *l'ancienne forme* (a); il est donc certain qu'à cette époque, le droit du Clergé & de la Noblesse subsistait dans toute son intégrité, & qu'on ne reconnaissait encore d'autre réduction que celle qui s'opérait par la négligence de ces deux Ordres.

Cependant quelques Evêques & quelques Barons seulement continuaient de se rendre aux Etats avec les Consuls d'un très-petit nombre de Villes. Déjà ils étaient accoutumés aux douceurs d'une autorité exclusive. Déjà il leur paraissait beau d'attacher au titre d'Evêque & de Baron le privilege de gouverner une grande Province : & bientôt, les Etats qui réclamaient auparavant contre la négligence des divers Membres de la Noblesse & du Clergé, à se rendre à leurs Assemblées (*), ne songerent plus qu'aux moyens d'en exclure irrévocablement tout ce qui ne portait pas ce titre.

---

(a) Notes cont. pr. pag. 29, 33 & 34.
(*) Les Lettres-Patentes de François I avaient été publiées à la demande même des Etats.

Il fallut étendre l'exclusion à une grande partie des Barons eux-mêmes, afin que le nombre de ceux qui devoient entrer aux Etats, n'excedât pas celui des Evêques : ce fut sans doute pour concilier l'ambition des Evêques avec celle des Barons privilégiés, & pour faciliter entr'eux l'exécution de leur plan respectif, qu'on établit un équilibre si extraordinaire ; & voilà pourquoi, quand le nombre de ces Barons privilégiés eut été à peu-près complété, il fallut régler encore qu'il n'entreroit, aux Etats, qu'un Baron de Vivarais & un Baron de Gevaudan par tour (a).

On n'avoit pas manqué de réduire en même-temps la représentation du Tiers-Etat, dont la prépondérance auroit pu déranger le systême d'ambition que s'étoient fait les Barons & les Evêques.

Tout cela fut concerté sous divers prétextes, tantôt faux, tantôt spécieux (b), & avec une marche dont les traces suffiroient pour déceler l'ancienne organisation, si elle n'étoit déjà établie par les monumens les plus incontestables. Tout cela fut d'ailleurs facile à exécuter dans un temps où le fanatisme

---

(a) Notes cont. pr. pag. 31, 37 & 38.
(b) Voy. notamment les pag. 35, 36, 37 & 38, des Notes cont. pr.

commençoit d'échauffer presque toutes les têtes en France, dans un temps, sur-tout, où le Languedoc, en proie aux dissentions intestines qui le désolerent pendant près d'un siecle, avoit entierement perdu de vue son administration économique, pour ne s'occuper qu'à défendre ou à détruire la religion dominante.

Déjà le Tiers-Etat, accoutumé à la nouvelle organisation, ne songeoit peut-être pas qu'il en existât une meilleure : & si le Clergé du second ordre n'avoit pas oublié ses droits, du moins étoit-il probable qu'il n'oseroit pas lutter contre les Evêques, sous l'autorité desquels on l'a toujours vu plier. Les Etats n'avoient donc guere à redouter que la Noblesse : aussi travaillerent-ils, quand ils crurent qu'il en étoit temps, à se faire un rempart contre ses réclamations. Ce fut dans cet objet qu'ils rédigerent le fameux règlement de l'an 1612 (*a*). Peut-on, sans indignation, y voir le nombre des Gentilshommes qui devoient entrer aux Etats, *réduit à* 22 *Barons*, sous prétexte que cette réduction existait *de toute ancienneté* ? comme s'il était possible de la faire remonter au delà de l'époque où François I^er. ordonnoit à tous *les Seigneurs temporels*, indistinctement, de se

---

Notes cont. pr. pag. 39.

rendre aux Etats ! qu'importe qu'elle eût commencé de s'opérer vers la fin du quinzieme siecle, dès qu'elle n'avait eu d'autre principe que la négligence de la Noblesse à exercer un droit imprescriptible ? Le Procès-Verbal de 1612, qui n'est pas un titre, ce Procès-Verbal, rédigé par des Etats réduits, par des Etats sans pouvoir, sans caractère pour rien changer à la forme constitutionnelle, n'est-il pas le premier où il soit expressément parlé de réduction ? & les Evêques, de concert avec les Barons, ne s'étoient-ils pas bornés jusqu'alors à cette prudente & silencieuse lenteur qu'exigeait une entreprise aussi délicate ?

Le prétendu Règlement était si ouvertement contraire aux principes qui doivent régir le Languedoc, que la minorité même de Louis XIII résista aux efforts qu'on fit pour le faire autoriser (*a*); mais on y parvint aisément sous celle de Louis XIV, dirigée par un Ministre souple, facile, accoutumé à tout sacrifier, tantôt à son infatiable avarice, tantôt au besoin de se faire des créatures pour se soutenir dans une place qui lui échappait & qu'il recouvrait tour à tour. Confirmée par un Arrêt du Conseil (*b*), la

---

(*a*) Notes cont. pr. pag. 39 & 40.
(*b*) *Ibid.* pag. 40.

réduction

réduction n'en resta pas moins nulle, parce qu'il n'y avait pas d'autorité qui pût légalement changer la constitution de la Province sans le consentement de ses trois Ordres. Aussi vit-on bientôt la Noblesse de Languedoc, réveillée enfin par cet Arrêt, porter ses réclamations devant les dépositaires & les défenseurs naturels des lois du pays, qui s'empressèrent de déployer leur zèle & leur autorité pour faire revivre l'ancienne organisation ( *a* ) : mais l'esprit de Mazarin dirigeoit toujours le gouvernement. On opposa le pouvoir arbitraire au pouvoir sacré des lois (*b*); & dès lors le découragement & la division s'emparèrent de la Noblesse, qui ne s'était point armée de cette fermeté inaltérable, souvent nécessaire, & toujours infaillible pour faire triompher la cause de la justice & de la vérité.

Que d'abus n'a-t-on pas vu se glisser dans l'administration de la Province, depuis que les États se crurent inébranlables sur la base qu'ils avaient fait donner à leur réduction inconstitutionnelle ? Le premier, celui qui les fait supposer tous, est le profond mystère dont ils environnent toujours leurs projets, & souvent leurs opérations les plus

---

(*a*) Notes cont. pr. pag. 40 & 41.
(*b*) *Ibid.* pag. 41.

C

importantes ( * ). Si les États de la Province en étaient les représentans, ce myſtère ne formeroit-il pas le contraſte le plus choquant avec leur titre ? Mais contraſte-t-il moins avec la raiſon, quand on n'enviſage que leur véritable qualité de *diſpenſateurs économiques du pays, ſous l'autorité du Roi* ( ** ) ? La publicité n'eſt-elle pas une des premieres conditions inhérentes à l'Adminiſtration d'une Ville, d'une Province ? La conduite de tout Adminiſtrateur ne doit-elle pas être contenue par la crainte du blâme, & par l'obligation naturelle de rendre compte de tous les réſultats ? Préférer les ténébres à cette publicité, c'eſt provoquer le ſoupçon & la défiance : c'eſt s'expoſer au reproche que faiſait le Chevalier Temple aux Communes d'Angleterre : " la Chambre, diſoit-il, ne ferme
„ ſes portes, que parce qu'elle ſe trouve em-
„ barraſſée dans une chaîne de procédés ſi
„ injuſtes, ſi iniques, ſi ſuſpects, ſi ſombres,
„ qu'elle doit craindre l'œil du jour (***).

Les effets ſe reſſentent des cauſes qui les produiſent. D'une conſtitution vicieuſe, il ne peut réſulter qu'une Admi-

---

(*) Parmi les opérations des États, le Peuple ne connaît depuis long-temps que la conceſſion & la répartition des Impôts.

(**) Voy. l'Arrêté & Supplications du Parlement de Toulouſe, du mois de Janvier 1789.

(***) Proſt de Royer, Dictionnaire de juriſprudence, au mot Adminiſtration, art. 13.

niſtration funeſte. Qu'attendre d'une Aſſemblée d'Etats, qui, aux Lois de la repréſentation, a ſubſtitué les caprices de l'arbitraire? Qu'attendre d'une Aſſemblée d'Etats, qui a dégénéré en une de ces ariſtocraties que nos publiciſtes appellent le plus mauvais de tous les Gouvernemens? C'eſt pis encore : c'eſt une eſpece de théocratie, dont les intérêts n'ont rien de commun avec ceux du Peuple. Ce ſont des Evêques qui reglent à leur gré les charges publiques dont ils ne partagent pas le fardeau. C'eſt à leur tête un préſident qui exerce dans ces Aſſemblées une dictature d'autant plus dangereuſe, qu'elle eſt perpétuelle : qui oſeroit contre-balancer ſon pouvoir ? Les Barons ? leur privilege eſt lié à celui des Evêques (\*). Les prétendus Députés du Tiers-Etat ? ce ſont des Officiers Municipaux des Villes, qui ne devant qu'au privilege de leurs Offices, l'honneur d'une repréſentation illuſoire, ſacrifient la Province à leurs intérêts perſonnels (\*\*), ou ſont en-

---

(\*) Rarement même aſſiſtent-ils aux Etats ? ils ſe contentent d'y envoyer leurs procurations en blanc, que la brigue & le crédit ſont communément remplir. C'eſt un principe de notre droit public, qu'un délégué ne peut pas déléguer : & les Barons prétendent communiquer des pouvoirs qu'ils n'ont pas même reçus.

(\*\*) D'autant mieux que la plupart d'entr'eux ont la vanité de ſe regarder comme au-deſſus du Laboureur & de l'Artiſan qu'ils prétendent repréſenter, & dont ils ne connoiſſent ni les facultés, ni les vœux, ni les intérêts.

chaînés par la crainte & le péril de déplaire à l'autorité.

Qu'est devenu le temps où les Villes nommoient elles-mêmes leurs Députés, où ceux-ci n'étaient d'abord autorisés qu'à écouter les propositions qu'on feroit aux Etats, avec ordre de les communiquer à leurs constituans, avant de les ratifier par leur approbation (*) ? Funeste effet de l'ascendant que prirent sur les esprits les nouveaux Administrateurs ! L'inertie la plus étrange s'empara de tous les Ordres ; & la force de l'habitude les rendit enfin complices de leur propre aviliffement.

Faut-il être surpris si l'on voit l'Administration de la Province errer le plus souvent, sans principes & sans objet, au gré des circonstances, des passions & des intérêts particuliers ? Faut-il être surpris si la régie est livrée à la déprédation la plus révoltante ? Si une foule d'Agens secondaires s'engraisse de la plus pure substance de la Province ? si le charme des projets extraordinaires & mal-entendus multiplie sans cesse & sans fruit les dépenses ? si, pour des besoins publics imagi-

---

(*) Voy. entre plusieurs autres exemples, celui qu'en rapporte Dom Vaissete dans son Histoire gén. de Lang. tom. 4, pag. 285.

naires; on prend au peuple fur fes befoins réels ? fi, depuis le dernier fiecle, & furtout depuis environ 40 ans, la marche progreffive de l'Impôt provincial, indépendamment de l'Impôt royal, a formé une maffe qu'on ne peut mefurer fans frémir pour le fort des malheureux contribuables ? fi..... mais tirons le rideau fur la trifte & décourageante image de tant d'abus ; & confolons-nous des calamités paffées & préfentes par la perfpective du brillant avenir que promet au Languedoc la régénération prochaine de fa conftitution.

Quel obftacle pourroit retarder cet heureux événement, quand les droits & les réclamations de la Province feront connus? Nous aimons à croire que les Evêques & les Barons s'empreſſeront de fe faire juftice à eux-mêmes. Seront-ils infenfibles au bel exemple que viennent de leur donner les Parlemens, qui, pour ne pas être forcés à trahir les vœux ou les intérêts de la Nation, lui ont remis les pouvoirs dont elle les avoit légitimement chargés ? ne fe détermineront-ils pas à fe démettre d'une autorité que la Province ne leur a jamais confiée, plutôt que d'attendre qu'elle rompe elle-même fes chaînes ?

Eh! que nous importerait leur réfiftance? Voudraient-ils fe prévaloir du confentement tacite donné par les trois Ordres à l'organisation actuelle des Etats ? Mais cette organisation a-t-elle d'autre base que des titres fabriqués dans les ténèbres, que des titres dont l'abus toujours subsistant n'a cessé d'attester & de perpétuer son illégitimité ? N'oublions jamais que la Province a le droit originaire, & solennellement reconnu par nos Rois, de se régir & de régler elle-même sa contribution aux charges publiques. L'exercice d'un tel droit ne consiste-t-il pas essentiellement dans l'expression de la volonté générale ? & la volonté n'est-elle pas inaliénable par sa nature ?

Nos Etats ne sont composés que de Commissaires du Prince, ou d'organes serviles des volontés ministérielles. Les libertés de la Province se trouvent donc anéanties par le fait : mais en ont-elles moins conservé leur essence & leur force sous l'empire imprescriptible de sa constitution ? Qu'elle les revendique ; & l'autorité de ses prétendus Etats tombera aussi-tôt d'elle-même. Leur eût-elle communiqué les pouvoirs qui constituent ces sortes d'assemblées, n'auroit-elle pas toujours le droit de les révoquer ? Chacun ne peut-il pas, à son gré, destituer ceux qu'il a chargés de parler ou d'agir en son nom ? & ne seroit-il pas absurde qu'on prétendît refuser à tous les Citoyens réunis une faculté accordée séparément à chacun d'eux ? la volonté de tous ne suppose-t-elle pas d'ailleurs l'intérêt général, qui est la loi suprême à laquelle tout doit céder ?

En reprenant l'exercice de ses droits primitifs, le Languedoc reprendra naturellement celui de donner à son Administration la forme qui lui paraîtra la plus convenable. Quelle grande opération ! De la maniere dont la Province va régénérer ses Etats, dépend peut-être pour jamais son bonheur. Combien ne lui importe-t-il donc pas d'asseoir un objet aussi décisif sur une base constitutionnelle, qui garantisse à la fois l'intérêt & l'harmonie des trois Ordres ?

Hâtons-nous de réunir nos vœux & de les porter au pied du Trône. Quelle circonstance plus heureuse que celle où un Prince juste & bienfaisant rétablit la Nation entière dans les droits qu'elle tient de la nature & du pacte social (*) ! mettons sous ses yeux les droits particuliers d'une de ses

---

(*) Sous un gouvernement arbitraire, le chef est tout, & la nation rien.

Dans un Etat libre ou tempéré, la volonté du Chef est subordonnée aux lois déjà existantes : il ne peut les renverser ni en établir de nouvelles, qu'avec le consentement de la nation assemblée. C'était le principe de nos peres les Germains : » Leurs Princes, dit Tacite ( *de Mor. Germ.* ), » délibéraient sur les petites choses, toute la Nation sur les

plus importantes Provinces ; & ne doutons pas qu'il ne l'autorise à poser elle-même les fondemens de sa félicité. Que n'avons-nous pas lieu d'attendre d'un Prince qui annonce, à la face de l'Europe, que le bonheur de ses Sujets est le besoin le plus pressant de son cœur ; d'un Prince dont tous les actes, tous les mouvemens respirent ce sentiment sublime & tendre, qui faisoit dire à un Roi citoyen, son modele : *ce Peuple entier est ma famille ; lorsqu'il est heureux, je le suis !*

---

» grandes.; de sorte pourtant que les affaires, dont le
» Peuple prenait connaissance, étaient portées de même
» devant les Princes ».

Ce principe apporté de la Germanie dans les Gaules, & devenu le principe fondamental de la Monarchie Française (\*\*) ; si rigoureusement exécuté sous la premiere & la seconde races de nos Rois ; défiguré sous le Gouvernement féodal, dont les différens Chefs s'étaient arrogé le privilege exclusif de représenter la Nation ; rétabli par Philippe-le-Bel en faveur de la Nation entiere ; long-temps en vigueur, & presqu'oublié en France, depuis le commencement du dernier siecle ; renaît enfin, avec un nouvel éclat, sous un Gouvernement juste, épuré, qui ne fait pas consister le bonheur du Peuple dans la gloire du Monarque, mais la gloire du Monarque dans le bonheur du Peuple.

(\*\*) *Lex consensu populi sit, & constitutione Regis.* Capitulaires de Charles-le-Chauve, an. 864, art. 6.

# NOTES,
## CONTENANT PREUVES,
## SUR LE MÉMOIRE
## DE LA NOBLESSE.

### NOTE I.

*Sur l'origine & l'organisation primitive des États de Languedoc.*

Les Indigènes, c'est-à-dire, les Volces, occupaient tout le pays borné à l'est par le Rhône, au sud par la Méditerranée, à l'ouest par les Pyrenées & les deux bords de la Garonne jusqu'à la jonction de ce fleuve avec le Tarn, au nord par les montagnes des Cevennes & par les rivieres d'Agout & de Tore (1). Ils étoient divisés en tectosages & en arécomiques. Les premiers occupaient à-peu-près le pays qu'on appela dans la suite Haut-Languedoc, & les seconds celui qu'on appela Bas-Languedoc (2).

Ces Peuples étoient partagés par *cantons*, ou *pays*, appelés *cités* par les Romains. Les affaires publiques se traitaient, sous l'inspection du Chef ou Roi, dans les Assemblées particulieres de chaque canton, & dans des Assemblées générales, également composées des Druides qui étoient les Ministres de la Religion, & des Chevaliers

---

(1) *Histoire générale de Languedoc*, tom. 1, pag. 52.
(2) Basville dans *ses Mémoires pour servir à l'Histoire de Languedoc*, pag. 23.

qui étaient les principaux d'entre les Laïques. Le commun du Peuple en était exclus, parce qu'il vivait dans une espece de servitude sous la dépendance des Druides & des Chevaliers (1).

Le pays des Volces passa sous la domination des Romains vers l'an 115 avant J. C., fit partie de ce qu'on appela d'abord *Province Romaine*, ensuite *Narbonnaise*, & se maintint dans l'usage de tenir tous les ans ses Assemblées Provinciales ; usage qui ne fut interrompu, pendant quelque temps, que par les courses des barbares & la négligence des tyrans, qui usurperent dans les Gaules l'autorité impériale (2).

Sous l'Empereur Honorius, les Gaules étaient divisées en Gaules proprement dites, & en sept Provinces, savoir, la premiere & la seconde Narbonnaise, la Viennoise, les Alpes Maritimes, la premiere & la seconde Aquitaine, & la Novempopulanie ; elles formaient comme un Corps séparé du reste des Gaules (3) : la principale de ces Provinces était la Narbonnaise premiere (4), dont le Languedoc faisait partie (5).

» Informé des maux qu'occasionnait dans le pays l'inter-
» ruption des Assemblées Provinciales, Honorius en accorda
» le rétablissement pour récompenser & animer la fidélité
» des Peuples de ces Provinces. Dans cette vue, il fit
» une constitution, l'an 418, par laquelle il ordonna qu'à
» l'avenir l'Assemblée des sept Provinces se tiendrait tous
» les ans dans la ville d'Arles..... & que *chaque Province*
» *en général*, & *chaque Ville* en particulier, *enverraient*
» *pour Députés* à l'Assemblée des personnes notables,
» ( *honoratos, possessores, curiales, optimos* ), outre ceux
» qui, par leurs emplois, avaient droit d'y assister ; que
» les affaires publiques & particulieres en seraient l'objet
» principal, & qu'on n'y feroit aucune décision ni aucun
» règlement qu'après une mûre délibération & une discussion
» exacte des matieres, afin que les Peuples pussent juger

---

(1) Hist. gén. de Lang. tom. 1, pag. 43. Élémens de l'Histoire de France par l'Abbé Millot, introduction, pag. 11.

(2) Hist. gén. de Lang. tom. 1, pag. 52, 101, 151 & 157.

(3) Ibid. p. 151 & 627.

(4) Ibid. tom. 1, pag. 151 & 157.

(5) Ibid. pag. 52 ; 147 & suiv. Mém. de Basville, pag. 25

» de la justice & de la sagesse des *Députés*, par celle de
» leurs Lois & de leurs Ordonnances qu'on publierait
» ensuite dans les Provinces » ( 1 ).

On peut lire cette constitution adressée au préfet des Gaules, dans l'Histoire générale de Languedoc (2). *Nam cùm*, dit l'Empereur, *propter privatas & publicas necessitates, de singulis Civitatibus, non solùm de Provinciis singulis ad examen magnificentiæ tuæ ET HONORATOS CONFLUERE, VEL MITTI LEGATOS, AUT POSSESSORUM UTILITAS, aut publicarum ratio exigat functionum; maximè oportunum & conducibile judicamus, ut servatá post hac annis singulis consuetudine, constituto tempore in Metropolitaná, id est in Arelatensi urbe, incipiant septem Provinciæ habere concilium. In quo planè tam singulis quam omnibus in commune consulimus. Primùm ut optimorum conventu sub illustri præsentiâ præfecturæ, si id tamen ratio publicæ dispositionis obtulerit, saluberrima de singulis rebus possint esse concilia..... Unde illustris magnificentiâ tua, & hanc præceptionem nostram & hanc priorem sedis suæ dispositionem secuta, id per septem Provincias in perpetuum faciet custodiri, ut ab idibus Augusti in idus Septembris, in Arelatensi urbe noverint HONORATI VEL POSSESSORES, judices singularum Provinciarum, annis singulis concilium esse servandum......*

» C'est à ces Assemblées, dit Dom Vaissete, qui étaient
» déjà en usage dans la Narbonnaise, avant qu'elle fût
» sous la domination des Romains, qu'on peut rapporter
» l'origine des Etats de Languedoc » ( 3 ).

Le savant Cazeneuve (4) en attribue l'origine à la constitution même d'Honorius. Louvet pense avec Dom Vaissete que cette constitution a plutôt *été une continuation des Etats* que leur origine & institution ( 5 ).

Indépendamment des Assemblées générales, chacune des sept Provinces en tenait de particulieres sous les Romains (6).

---

(1) Hist. gén. de Lang. tom 1, pag. 175.

(2) Tom. 1, aux Preuves, pag. 20 & 21.

(3) Voyez dans son Hist. gén. de Lang. tom. 1, pag. 175 & 176, les raisons décisives sur lesquelles il fonde son opinion.

(4) Dans son Traité des États Généraux de la Province, somm. 17.

(5) Remarques sur l'Histoire de Languedoc, pag. 160 & 161.

(6) Hist. gén. de Lang. tom. 1, pag. 175.

# NOTE II.

*Sur les Libertés, les Immunités & les Droits originaires de la Province de Languedoc. Comment elle y a été toujours maintenue dans le cours des différentes révolutions qu'elle a éprouvées.*

Les Volces, ou Languedociens, avaient la même forme de gouvernement que les autres Gaulois (1) ; toutes les Gaules étaient divisées en Républiques & en petits Royaumes, où l'esprit national étoit à-peu-près le même, & qui étaient unis par une espece de ligue, comme l'ancienne Grece (2). Or, nous savons que « les Chefs des Gaulois
» en général n'avaient pas le droit de lever des impôts ;
» que chaque particulier leur payait un tribut volontaire
» sur sa récolte, ou sur ses troupeaux ; que ce présent,
» libre hommage de l'amour du Sujet, était en même-
» temps toute la récompense des travaux, & tout l'entre-
» tien de la maison du Souverain » (3).

Après leur soumission aux Romains, les Volces se maintinrent dans leurs immunités. Dom Vaissete discute tous les doutes qu'on peut proposer sur ce point, & « croit pou-
» voir assurer que les principaux Peuples de Languedoc
» furent conservés par les Romains dans l'usage de leurs
» Lois & dans leur ancienne liberté ; que les Villes les
» plus considérables de cette partie de la Narbonnaise se
» soumirent volontairement, & que le Consul Fabius, en
» recevant leur soumission, leur accorda des conditions
» raisonnables, suivant lesquelles on devait plutôt regarder
» ces Villes & les Peuples du pays comme alliés que comme

---

(1) Hist. gén. de Lang. tom. I, pag. 43.

(2) Introduction aux élémens de l'Histoire de France par l'Abbé Millot, pag. 11.

(3) Histoire de France par l'Abbé Velly dans son Discours prélimin. pag. 5.

» les Sujets de la République Romaine ». Il fonde son opinion sur des motifs & des autorités incontestables (1).

Selon Louvet, qui raisonne, d'après les expressions mêmes de César, « les Romains, pour ne donner à la » Narbonnaise sujet de regretter sa perte & la liberté de » ses privileges, qui l'auraient pu induire à la révolte, la » déclarerent libre & immune de tous tributs, soit de » Capitation pour les personnes, soit d'impositions sur les » terres, ensuite de quoi ils l'honorerent de tous les » honneurs conférés aux Citoyens Romains » (2).

Benedicti (3), & Dominici (4), attestent également que la Narbonnaise, ou le Languedoc, jouissait, sous les Romains, de l'exemption des Tributs.

Enfin Ciceron, dans le fragment qui nous reste de son second plaidoyer pour Fonteius, convient que l'atteinte donnée par cet ancien Gouverneur de la Province, aux *immunités* dont jouissaient toujours les Volces, était le fondement de l'accusation que ces Peuples avaient intentée contre lui devant le Sénat par le ministere de leurs *Députés*.

Cette exemption de Tributs doit être entendue, de maniere qu'on n'en pouvait imposer aucun sans le consentement des contribuables. C'était là le principal objet des Assemblées ou Etats-Généraux. « Les *Députés* des sept Pro- » vinces, dit Basville (5), s'assemblaient tous les ans pour » régler les affaires communes de la contribution des Peu- » ples aux charges de l'Etat ».

Les Romains céderent volontairement par un traité la partie occidentale du Languedoc aux Visigots, dont l'Empire comprit insensiblement, & avant la fin du cinquieme siecle, tout le pays renfermé entre la Loire, les Pyrenées, la Méditerranée & l'Océan. Sous cette nouvelle domination, le pays fut maintenu dans tous ses usages, dans tous ses droits (6) : les anciens habitans continuerent d'être régis par les Lois Romaines que le Roi Alaric fit rédiger, l'an 506, sous le nom de *Breviaire*, parce que cet ouvrage contenait

---

(1) Hist. gén. de Lang. tom. 1, pag. 601 & 602.
(2) Remarques sur l'Hist. de Lang. pag. 159.
(3) Ad cap. Rainutius, verb. & uxorem, decis. 2, num. 227.
(4) De prærogat. allod. cap. 2 & 3.
(5) Dans ses Mém. pag. 25.
(6) Hist. gén. de Lang. tom. 1, pag. 176, tom. 4, pag. 525.

en abrégé l'explication des Lois du Code Théodosien ( 1 ). Les Visigots avaient leurs Lois particulieres rédigées, l'an 475, par leur Roi Euric, perfectionnées par ses successeurs, & mises dans l'état où nous les trouvons encore dans le livre intitulé, *Codex Legum Antiquarum* ( 2 ) : une Loi de ce Code ( 3 ) porte expressément que les Rois Visigots n'exigeaient aucun Tribut sans le consentement des Peuples, & qui ne leur fût offert volontairement.

Après la bataille de Vouillé, « une partie du Languedoc » se soumet volontairement au Roi Clovis qui la maintient » *dans ses libertés & dans ses usages* ( 4 ) ». Au commencement de la seconde race, le reste de la Province, ou le Bas-Languedoc, passe également sous l'obéissance des Français en vertu d'un traité conclu avec le Roi Pepin, qui s'engage à maintenir le pays *dans l'usage des Lois Romaines & Gothiques* (5). « Ce n'est donc pas par droit de conquête » que cette Province a été unie à la Couronne de France, » dit Dom Vaissete, mais par un traité solennel, suivant » lequel les Gots qui l'occupaient en vertu de la cession » des Empereurs Romains, la céderent à leur tour aux » Français qu'ils appelerent à leur secours pour éviter la » domination des Sarasins. Ainsi l'acquisition que Pepin fit » de la Septimanie, est le premier titre de la propriété & » du domaine de nos Rois sur cette Province, qui fait aujourd' » hui la plus grande partie du Languedoc. C'est en même » temps le principal fondement des libertés & des privileges » du pays établis sur des traités solennels, privileges dans » lesquels nos Rois l'ont toujours maintenu, pour récom- » penser autant la soumission volontaire de ses Peuples, » que leur constante fidélité ( 6 ) ».

Les Lois Gothiques étaient encore en vigueur sous le regne de Louis le Begue par rapport aux Gots naturels ( 7 );

---

(1) Hist. gén. de Lang. tom. 1, pag. 241.

(2) Furgole, Traité du franc-alleu, chap. 5, sect. 2.

(3) Loi 6, tit. 1, liv. 1.

(4) Hist. gén. de Lang. tom. 4, pag. 525 & 526.

(5) Hist. gén. de Lang. tom. 1, pag. 416, tom. 4, pag. 526.

(6) *Ibid.* pag. 415. Cazeneuve, Traité du franc-alleu, liv. 1, chap. 1, somm. 2. Montesquieu, Esprit des lois, liv. 28, chap. 4.

(7) Comme il résulte du Canon 98 de la 3me. partie du Décret d'Ives de Chartres.

mais l'usage s'en perdit insensiblement par les causes générales qui firent tomber en désuétude les codes personnels de presque tous les Peuples barbares ( 1 ). L'abolition accidentelle des Lois Gothiques ne changea rien au droit public de la Province. Elle conserva toutes ses libertés avec les Lois Romaines qui n'ont jamais cessé de la régir.

Vers la fin du neuvieme siecle, le système féodal commence d'entraver, dans presque toute la France, la liberté, la propriété & le Trône : mais malgré le chaos qui en résulte, & qui s'étend dans toutes les parties de la Province par l'usurpation de ses Comtes, elle conserve sa constitution dans sa premiere intégrité ( 2 ). Les Comtes qui jouissaient des droits régaliens, firent même rédiger de leur autorité les coutumes du pays, qui portent expressément qu'ils ne pouvaient *tailler leurs sujets que* dans certains cas prévus par ces coutumes, & que, *dans ces cas* mêmes, ils ne pouvaient *exiger aucun subside que du consentement des Peuples.* Voilà pourquoi Raymond VII, Comte de Toulouse, « après avoir confirmé, dans son testament, les
» usages & les coutumes des Peuples soumis à sa domi-
» nation, déclare qu'il ne veut pas qu'il leur soit causé
» aucun préjudice au sujet des tailles & des autres subsides
» qu'ils lui avaient accordés, *moins par devoir que de leur
« propre volonté* ( 3 ) ».

Enfin le Languedoc rentre sous l'autorité immédiate de nos Rois, qui, en le réunissant à leur Couronne, jurent de toujours respecter ses privileges, ses coutumes & ses libertés.

Cette réunion ne s'opéra pas dans le même temps. D'abord, la plus grande partie de la Province se soumit volontairement au Roi Louis VIII, qui, en la réunissant à son domaine, l'an 1226, la maintint dans *ses immunités* (4). Par le traité conclu à Paris l'an 1229, Raymond VII renonça irrévocablement en faveur de St. Louis au pays qui s'était soumis à Louis VIII, & qui se trouvait dès-lors partagé en deux Sénéchaussées Royales établies à Beaucaire & à Carcassonne ; il se réserva la Sénéchaussée ou le Comté

---

(1) Montesquieu, liv. 28, chap. 9, 10 & 11.
(2) Cazeneuve, Traité des États Gén. de Lang. somm. 19.
(3) Hist. gén. de Lang., tom. 4, pag. 523, col. 1.
(4) *Ibid.* pag. 522.

de Toulouse, qui, après sa mort, passa sur la tête de la Princesse Jeanne, sa fille, & du Prince Alfonse, son gendre ( 1 ). La Reine Blanche en fit prendre possession, l'an 1249, au nom d'Alfonse son fils, *& fit faire serment* par ses commissaires *de maintenir les Peuples du pays dans leurs privileges & coutumes*. Le Comte Alfonse & la Comtesse Jeanne étant morts sans enfans, le Roi Philippe le Hardi rentra dans la propriété immédiate du Comté de Toulouse conformément au traité de Paris, & en fit prendre possession, l'an 1271, par des commissaires qui *admirent en son nom la réserve que les Peuples de ce Comté firent, en prêtant serment de fidélité, de leurs privileges, libertés & coutumes* ( 2 ).

Dans ces stipulations était évidemment compris, de la part de nos Rois, l'engagement de *ne pouvoir établir aucun subside dans la Province sans le consentement & la volonté des trois Etats du pays*. « On a vu, en effet, dit Dom
« Vaissete, que nos Rois conserverent les Peuples du pays,
» lorsqu'ils réunirent en différens temps les trois Sénéchaussées de la Province à la Couronne, dans leurs usages,
» libertés & *coutumes*. Or, il était porté dans ces *coutumes*,
» que nos Rois *jurerent d'observer* en plusieurs occasions,
» que les Comtes & les autres Seigneurs Hauts-Justiciers
» immédiats, ne pourraient lever sur les Peuples, leurs
» sujets ou vassaux, aucun prêt forcé, aucune taille, ni
» aucune quête forcée. On n'a qu'à consulter les coutumes
» de Toulouse, Carcassonne, Beziers, Montpellier, &c.
» où cette clause est expressément exprimée. Ainsi nos Rois
» en devenant Seigneurs immédiats du pays & en succédant
» aux Comtes & aux Vicomtes qui y avaient exercé les
» droits régaliens, s'engagerent à maintenir les habitans
» dans cet ancien usage, qui a toujours été exactement
» observé, comme on peut le prouver par un grand nom-
» bre de monumens ( 3 ) ».

Ce point fondamental ainsi démontré, il serait aussi long qu'inutile de rappeler les Lois postérieures & confirmatives que nos Rois ont successivement rendues en faveur de la

---

(1) Hist. gén. de Lang. tom. 3, pag. 370, 371, 372, 373, 374 & 375.

(2) Hist. gén. de Lang. tom. 4, pag. 522.

(3) *Ibid*, pag. 522 & 523.

Province,

Province, & qu'on peut d'ailleurs lire dans les preuves rapportées par nos différens historiens, & notamment par Dom Vaissete.

# NOTE III.

*Organisation des États de Languedoc, depuis la constitution d'Honorius & l'établissement de l'Empire Gothique dans le pays, jusqu'à ce que le Tiers-État y fut admis, sous le Gouvernement des Comtes, comme formant un troisieme Ordre de Citoyens.*

Nous avons fait voir ( note 2 ) comment & dans quelle forme l'Empereur Honorius rétablit les anciennes Assemblées des Volces.

« Les sept Provinces, dit Cazeneuve (1), étant depuis
» tombées sous la domination des Rois des Gots; comme
» ces Princes avaient un soin particulier *de conserver dans
» les Gaules les ordres que les Romains y avaient établis*,
» ils les voulurent aussi maintenir en la faculté de pouvoir
» convoquer l'Assemblée de ces Etats, lorsqu'il était ques-
» tion de délibérer des affaires publiques. Il est pourtant
» vrai qu'ils en transférerent la tenue de la Ville d'Arles à
» celle de Tolose, qui était le siége de l'Empire Gothique,
» à cause de quoi les Rois Gots sont quelquefois appelés
» *Reges Tolosæ*, & leur état *Regnum Tolosanum*. Et de
» fait, lors qu'Alaric, Roi des Gots, voulut ranger en
» meilleur ordre les Lois Romaines, & qu'il y voulut ajouter
» les interprétations du jurisconsulte Anian, comme c'était
» une affaire qui regardait l'intérêt des Gaules qui lui étaient
» sujettes, c'est-à-dire, des sept Provinces, il le fit ( l'an
» 506 ) *avec l'avis & le consentement des Etats*. Et c'est
» pourquoi l'acte intitulé, *exemplar autoritatis commo-
» nitorium*, qu'il adresse sur ce sujet au Comte Timothée,

---

(1) Traité des États Gén. de Lang. somm. 18.

» & qui se lit au commencement du Code Théodosien,
» porte en termes exprès, que ce fut *ADHIBITIS*
» *SACERDOTIBUS ET NOBILIBUS VIRIS*, c'est-
» à-dire, dans l'Assemblée des Etats-Généraux ».

Le mot générique *sacerdotibus*, employé ici pour désigner le Clergé, prouve évidemment que les divers membres de cet Ordre étaient admis dans ces Assemblées.

La maniere générale dont il y est fait mention de la Noblesse, prouve également que tous les Nobles y étaient admis.

En parlant de cette même Assemblée, Dom Vaissete nous apprend que les membres qui la composerent, avaient été *députés* par *chaque Province* (1).

Si nous n'y trouvons que des Ecclésiastiques & des Nobles, c'est que, sous les Visigots, *les habitans de la Province, soit Romains, soit Visigots, soit Français ou étrangers, étaient divisés en libres & en esclaves*. Tout homme *libre d'origine était réputé noble* (2). Il est vrai qu'on distinguait plusieurs degrés dans la Noblesse, relativement à la nature des dignités & des biens que possédaient les personnes libres.

Le Haut-Languedoc s'étant soumis au Roi Clovis, forma, sous le nom de pays Romain, un Royaume distinct & séparé de la France; de sorte que les Rois de la Ire. race se qualifiaient *Reges Francorum & Romani populi* (3). Cette circonstance ferait présumer, si nous ne l'avions déjà établi, que le pays continua d'être gouverné selon ses libertés, ses lois & ses usages.

Après que nos Rois eurent étendu leur domination sur le Bas-Languedoc qui portait alors le nom de Septimanie ou de Gothie, Charlemagne céda tout le pays, l'an 881, à Louis le Débonnaire, qui le gouverna sous le titre de *Royaume d'Aquitaine ou de Toulouse*. Ce Royaume comprenait la plus grande partie de ce qu'on appelait anciennement les sept Provinces (4).

Dom Vaissete parle d'un *plaid*, *PLACITUM ou Assemblée Générale de la Province*, tenue depuis cette époque

---

(1) Hist. gén. de Lang. tom. 1, pag. 241.
(2) *Ibid.* pag. 372 & 380.
(3) Cazeneuve, Traité du franc-alleu, liv. 1, chap. 2, somm. 8.
(4) Hist. gén. de Lang. tom. 1, pag. 431 & 436.

à Narbonne ( l'an 798 ) par des commissaires de Charlemagne, & *à laquelle assisterent un grand nombre d'Ecclésiastiques & de Séculiers* ( 1 ). Ces expressions n'admettent aucune idée de distinction entre les membres de la Noblesse & du Clergé, qui avaient tous le droit d'assister à ces Assemblées, ou d'y envoyer leurs représentans.

L'Auteur de la vie de Louis le Débonnaire, atteste d'ailleurs que ce Prince *tenait quasi tous les ans à Toulouse son Parlement & Etats Généraux de son Royaume* ( 2 ). Sur l'an 790, il observe que, *Rex Ludovicus eodem anno Tolosæ placitum generale habuit*; sur l'an 796, *sequente porro tempore Tolosam venit Rex, & conventum generalem ibidem habuit*; sur l'an 802, *ipso tempore Ludovicus Rex coacto populo regni sui Tolosæ, de his quæ agenda videbantur tractans deliberabat*.

On appelait ces Assemblées, comme celles de la Nation Française, *placita*, *conventus*, *concilia*, *Parlamenta*, &c. On voit, par les expressions de l'Auteur que nous venons de citer, combien elles étaient plénieres ou représentatives, *conventum generalem*, *coacto Populo* : ces derniers mots pourraient même faire présumer qu'il n'y avait aucune classe de personnes, qui n'y fût admise. Mais nous voyons avec regret que, sous nos Rois de la seconde race, de même que sous les Visigots, il existait dans la Province une malheureuse classe d'esclaves, qui ne participait à aucun des droits attachés au titre de Citoyen. On ne peut donc entendre ici par le mot *Peuple*, *coacto Populo*, que toutes les personnes libres ou nobles, soit Ecclésiastiques, soit Laïques. Alors tout homme libre était assujetti au service militaire ; *& comme les anciens Français étaient tous libres & tous Soldats, ils devaient être par conséquent tous nobles* ( 3 ).

Par l'énergie que déploya le pays, l'an 838, au sujet des entreprises & des vexations de Bernard, qui le gouvernait en qualité de Duc, on peut juger de la force avec laquelle il défendait ses libertés & ses usages. Toute la Noblesse s'assembla & envoya *des Députés* à la diéte de Kiersi, que tenait Louis le Débonnaire, alors Roi de France

---

(1) Hist. gén. de Lang. tom. 1, pag. 458.
(2) Voyez cet Auteur. Voyez aussi les Mémoires de l'hist. de Lang. par Catel, pag. 551.
(3) Hist. gén. de Lang. tom. 1, pag. 586.

& Empereur : ces *Députés* obtinrent les Commissaires qu'ils proposerent eux-mêmes, & qui furent chargés de venir réparer sur les lieux les injustices commises par le Duc (1).

Parmi les Assemblées générales du pays, qu'on continua de tenir dans le cours de ce siecle, nous nous contenterons de rappeler celle qui fut tenue à Nîmes l'an 890, & à laquelle assisterent, dit Dom Vaissete, *plus de deux cens personnes, tant Ecclésiastiques que Séculiers. Les plus nobles*, ajoute-t-il, *furent interrogés les premiers & ensuite les autres* (2). Il est donc certain que tout homme libre ou noble avoit droit de concourir à la formation des Etats, sans distinction de degrés de noblesse.

A cette époque, les grands fiefs étaient devenus héréditaires. De-là le système féodal qui s'introduisit dans le Languedoc vers la fin de ce siecle & au commencement du dixieme (3). Dès-lors la possession des terres fit les nobles, en leur donnant des especes de sujets nommés *vassaux*, qui s'en donnerent à leur tour par des *sous-inféodations*. Dès-lors tout devint *Seigneur ou Serf* dans la Province, ainsi que dans le reste de la France (4). Dès-lors tous ceux des hommes libres qui ne parvinrent pas à s'approprier ou à se faire inféoder quelque domaine ou quelque portion de Seigneurie, furent insensiblement réduits à la déplorable condition des esclaves. Dans cette classe étaient compris tous les Cultivateurs, les Négocians, les Artisans, &c. Jusqu'où ne porta-t-on pas la dégradation de l'humanité dans ces siecles d'ignorance & de barbarie ?

Nous trouvons cependant que, dans le onzieme siecle, on donnait encore en Languedoc le titre de noble aux gens riches & puissans, & aux principaux Citoyens des Villes, quoiqu'ils ne possédassent pas de fief (5).

Malgré cette monstrueuse anarchie, « les Etats-Généraux de la Province, dit Cazeneuve, ne laissaient pas d'être tenus, lorsqu'il fallait délibérer des affaires qui la concernaient » (6). Mais il paraît qu'ils ne furent composés, pendant long-temps, que d'Ecclésiastiques & de Nobles ou possesseurs de fiefs.

---

(1) Hist. gén. de Lang. tom. 1, pag. 518 & 519.
(2) Ibid. tom. 2, pag. 26.
(3) Ibid. tom. 1, pag. 588, tom. 2, pag. 109.
(4) L'Abbé Millot, élém. de l'Hist. de Fr. tom. 1, pag. 199 & 200.
(5) Hist. gén. de Lang. tom. 2, pag. 243.
(6) Traité des États Gén. de Lang. somm. 25.

# NOTE IV.

SUR *l'époque où le Tiers-État fut enfin admis aux États-Généraux de Languedoc;*

*Et fur l'Ordonnance du Roi S. Louis, de l'an* 1254, *qu'on femble vouloir oppofer aux réclamations de la Province, comme le fondement de l'inconftitution actuelle de ces États.*

LE Gouvernement féodal avait fait exclure des Affemblées de la Nation, ainfi que de celles de la Province, tous ceux qui ne fe trouvaient pas initiés, par l'acquifition de quelque fief, dans la nouvelle Seigneurie ou Nobleffe, établie par ce nouveau genre de poffeffion. Ce ne fut qu'après l'abolition de l'efclavage, & fous le regne de Philippe-le-Bel, qu'ils recouvrerent le droit de concourir, avec la Nobleffe & le Clergé, à l'organifation des Affemblées Nationales, comme formant un troifieme ordre de Citoyens.

Mais, long-temps avant cette époque, ce droit naturel avait été rétabli dans le Languedoc, où l'on diftinguait, dès le onzieme fiecle, *trois ordres de perfonnes libres*: témoin l'Affemblée générale de la Province, tenue à Narbonne l'an 1080, *compofée des trois Ordres, ou États diftingués entr'eux*, & qu'on peut regarder, dit Dom Vaiflete, *comme le plus ancien monument, où l'on trouve cette diftinction* (1). A cette Affemblée affifterent « l'Archevêque de Narbonne, les Évêques de Beziers & d'Agde, » une infinité d'Abbés, de Chanoines & d'autres Ecclé- » fiaftiques; une infinité de Nobles, & plufieurs autres » Citoyens & Chevaliers de la Province, avec un nombre » infini de Peuple ». *Cum multitudine Abbatum, Canonicorum & aliorum Clericorum, atque cum multitudine virorum Laïcorum honeftiffimorum, & alii cives ac mili-*

---

(1) Hift. gén. de Lang. tom. 2, pag. 244 & 255.

*tes*, *cum innumerabili multitudine ejusdem Provinciæ*, dit Cazeneuve (1), qui parle d'après un acte extrait des archives de l'Eglise de Narbonne.

Il serait difficile de concevoir une Assemblée d'Etats plus générale relativement à chacun des trois Ordres.

Ainsi furent composés les Etats-Généraux de Languedoc jusqu'au traité de Paris, qui confirma le Roi St. Louis dans la propriété immédiate des deux tiers de la Province, compris dans les Sénéchaussées de Beaucaire & de Carcassonne.

Depuis cette division, Raymond VII continua de tenir dans la même forme les Etats de la Sénéchaussée ou du Comté de Toulouse, dont il s'était réservé la *suzeraineté*. C'est ce qui résulte de son testament dans lequel, pour nous servir des expressions de Cazeneuve (2), « il fait » mention des trois Etats de la Province de Languedoc, » & leur confirme toutes les Franchises & toutes les Liber-» tés dont ils avaient accoutumé de jouir ». *Item concedimus, & confirmamus BARONIBUS, MILITIBUS ET ALIIS FIDELIBUS, ECCLESIIS, MONASTERIIS, CIVITATIBUS, CASTRIS ET VILLIS omnes debitas & consuetas libertates quas modo habuerunt ; volentes ut ex talliis seu exactionibus quas ex eis habuimus, ex voluntate potiùs quam ex debito, non generetur eis vel successoribus eorum, aliquod præjudicium in futurum.* De cela seul, d'ailleurs, que Raymond & ses prédécesseurs n'avaient perçu aucun impôt que du consentement de leurs Sujets, il s'ensuit nécessairement qu'ils avaient assemblé les Membres propriétaires des différens Ordres, au moins toutes les fois qu'il avait été question de lever sur eux quelque subside.

Après Raymond VII, Alfonse continua également de gouverner le Comté de Toulouse jusqu'à l'an 1271, époque de sa mort, *suivant les coutumes & les usages du pays* (3).

Quant aux Sénéchaussées de Beaucaire & de Carcassonne, on veut que St. Louis y ait introduit, en faveur de l'autorité Royale, la faculté de choisir arbitrairement les Mem-

---

(1) Traité des États Gén. de Lang. somm. 26.

(2) *Ibid.* somm. 28.

(3) Hist. gén. de Lang. tom. 3, pag. 482. Cazeneuve, Traité des États Gén. de Lang. somm. 31.

bres des Etats de Languedoc : cette étrange affertion, confignée dans des obfervations fur le prétendu *droit*, dont jouiffent les Barons des Etats, *de repréfenter excluſivement la Nobleſſe*, on la fonde fur une Ordonnance que ce Prince rendit au mois de Juillet de l'an 1254, & qui contient plufieurs règlemens. Celui qu'on nous oppofe, » défend aux Sénéchaux d'empêcher l'exportation des den- » rées, à moins que quelque circonftance preffante ne » l'exige ; & dans ce cas, il eft enjoint au Sénéchal » d'affembler un confeil non fufpect, où fe trouvent quel- » ques-uns des Prélats, des Barons, des Chevaliers & » des Habitans des bonnes Villes, de l'avis defquels le » Sénéchal pourra faire cette prohibition ».

D'abord, il eft certain que ce règlement eft *le premier qui ait été fait en France fur le commerce des grains* (1) ; que, dans tous les temps, les Habitans du pays avaient joui de la faculté individuelle d'exporter leurs denrées ; & que cette Loi n'a par conféquent rien de commun avec les objets qu'on avait agités jufqu'alors aux Etats-Généraux de la Province.

Le Sénéchal de Beaucaire voulut *ufurper* le droit de défendre l'exportation : *les Chevaliers & les Bourgeois* de cette Ville s'en plaignirent au Roi, qui fut touché de leurs griefs ( 2 ) : & jugeant néanmoins que l'exportation pouvait devenir funefte dans certains cas, il voulut qu'elle pût être prohibée dans une Affemblée des trois Ordres. Mais, d'après la Loi même, ces fortes d'Affemblées devaient être propres & particulieres à chacune des Sénéchauffées de Beaucaire & de Carcaffonne ; parce que l'exportation pouvait être utile pour l'une & dangereufe pour l'autre. Nous ne trouvons pas que les trois Ordres de la Sénéchauffée de Beaucaire aient jamais été convoqués en vertu du règlement de St. Louis : ceux de la Sénéchauffée de Carcaffonne furent convoqués trois fois ; & ce fut toujours à raifon de l'exportation feulement, & à la demande des Habitans qui en réclamaient eux-mêmes la prohibition (3).

Il réfulte donc de l'exécution de ce règlement, ainfi que

---

(1) Proft de Royer, dans fon Dictionnaire de jurifprudence, tom. 2, *verb.* adminiftration, pag. 816, col. 2.

(2) Tout cela réfulte du préambule même de l'Ordonnance.

(3) On pourra s'en convaincre par la lecture des procès-verbaux de ces 3 Affemblées que nous citerons plus bas.

de son esprit & de son texte, qu'il avait pour unique objet les avantages ou les inconvéniens de l'exportation, qu'il n'avait aucun rapport aux intérêts communs des deux Sénéchauffées, ni par conséquent à nos Etats-Généraux qui embraffaient par leur nature & leur essence l'universalité des intérêts du pays. Auffi, lorsque le même Prince voulut, un an après ce règlement, faire enregistrer une nouvelle Ordonnance, dont l'objet était commun aux deux Sénéchauffées, ne l'adressa-t-il pas séparément à chacune pour la faire approuver dans une de ces Assemblées particulieres qu'il venait d'établir : mais il fit tenir, pour cet effet, une Assemblée générale des deux Sénéchauffées dans la forme qui s'était toujours pratiquée pour la convocation des Assemblées ou Etats-Généraux de la Province (1). Il est vrai qu'en rendant compte de cette Assemblée, Dom Vaissete ne parle point du Tiers-Etat : il observe seulement qu'elle fut composée *des Barons & des Chevaliers du pays* pour la Nobleffe, de 9 Evêques & de 14 *Abbés*, outre les *Archidiacres, les Précenteurs & divers autres Eccléfiaftiques*, pour le Clergé. Mais s'il est réellement vrai que le Tiers-Etat n'y affifta point, felon la forme établie en Languedoc, depuis près de deux siecles, ce qui n'eft guere vraisemblable sous le regne d'un Prince auffi attaché que St. Louis aux Lois immuables de l'équité, c'eft une nouvelle preuve qu'il n'entendait pas que son règlement sur l'exportation dût s'appliquer à la maniere de compofer les Etats-Généraux de Languedoc. Fût-il poffible de l'y appliquer, on ne pourrait jamais l'interpréter qu'en faveur des trois Ordres de la Province.

Pour bien se fixer sur la nature de ce *conseil non sufpect*, dont St. Louis parle dans son règlement, & qui devait être compofé *de quelques-uns des Prélats, des Barons, des Chevaliers & des Habitans des bonnes Villes*, il faut examiner si les mots *Prélats, Barons, Chevaliers*, désignent les Evêques & la haute Nobleffe feulement, ou si, au contraire, ils ne comprennent pas les divers Membres de la Nobleffe & du Clergé.

1°. Le mot *Prélat*, qui, dans l'ufage actuel, ne défigne guere que les Princes de l'Eglife, était anciennement générique, & avait une fignification très-étendue : il comprenait non-feulement les Archevêques & Evêques, mais encore

---

(1) Hift. gén. de Lang. tom. 3, pag. 482.

les Abbés, les Archidiacres, les Prévôts Eccléfiaftiques (1); les Curés (2), les Chapitres (3), les Supérieurs réguliers, tels que les Prieurs & les Gardiens (4), & en général tous les Membres du Clergé, qui avaient quelque bénéfice à leur difpofition, qui exerçaient quelque autorité, ou qui étaient chargés de quelque adminiftration honorable (5). Telle eft à-peu-près la fignification que donne au mot *Prélat* Dom Vaiffete lui-même, qui, après avoir indéterminément obfervé que l'Affemblée générale, convoquée par St. Louis l'an 1255, fut *compofée des Prélats* pour le Clergé, ajoute que les Evêques & les *Abbés, outre les Archidiacres, les Précenteurs, & divers autres Eccléfiaftiques*, affifterent à cette Affemblée (6).

2°. L'hérédité des fiefs avait plus particuliérement attaché à l'exercice des armes les familles qui les poffédaient. Dans la fuite, ces familles furent feules affujetties au fervice militaire; & dès-lors on diftingua les Nobles d'avec les perfonnes libres dans l'idée que nous en avons aujourd'hui : diftinction qui ne devint néceffaire, & ne s'introduifit réellement dans le Languedoc, qu'après que Philippe-le-Bel eut achevé d'y abolir la fervitude au commencement du quatorzieme fiecle (7); parce que, depuis cette époque, feulement, le nombre des perfonnes libres fut enfin égal à celui des Citoyens.

Mais long-temps avant ce nouvel ordre des chofes, & fur-tout dans le treizieme fiecle, on comprenait tous les Nobles fous le nom générique de *Chevaliers*. C'était par-là qu'on diftinguait les Nobles qui avaient feuls le droit de combattre à cheval, d'avec les autres citoyens libres qui fervaient toujours à pied : de maniere que la qualité de

---

(1) Voy. le chapitre *Decernimus* : extra. de judiciis ; le chap. 1 extra. de ætat. & qual. ; & le Vocabulaire du droit civil & canonique, au mot *Prælatus*.

(2) *Qui dicuntur fucceffores 72 difcipulorum & dicuntur prælati fecundi ordinis, dignitatis vel honoris, quales funt curati......* Gerfon, tom. 1, pag. 137.

(3) Dictionnaire de droit canonique, au mot *Brevet de ferment de fidélité*.

(4) Glof. in capite *nullus*, de elect. in 6°.

(5) *Prælatura dicitur omnis honor qui propter adminiftrationem alicui tribuitur.*

(6) Hift. gén. de Lang. tom. 3, pag. 482.

(7) *Ibid.* tom. 4, pag. 94 & 113.

Chevalier, *miles*, fut toujours regardée comme une marque caractéristique de la Noblesse ( 1 ).

Par le titre de *Baron*, on entendait plus particuliérement les Nobles, possesseurs de fiefs. Ce titre est un terme générique qui, dans son principe, signifie homme, *homo*, ou vassal, d'où découle le mot hommage ( 2 ), c'est-à-dire, l'acte par lequel un possesseur de fief se reconnaissait *homme* ou vassal du Roi ou d'un autre possesseur de fief, ou Seigneur, son supérieur. De-là il suit que les titres de Baron & de Seigneur Haut-Justicier sont à peu près synonymes, puisqu'ils dérivent l'un & l'autre du même principe ; & que c'est à la nature de tous les fiefs, ou à la Seigneurie qui en résulta, quand ils furent devenus héréditaires, que la Noblesse Française doit sa véritable origine. Voilà pourquoi Dom Vaissete confond si souvent les titres de Baron & de Haut-Justicier ( 3 ). Voilà pourquoi, dans ses lettres de convocation pour les Etats-Généraux de Languedoc, de l'an 1356, le Duc de Normandie, depuis Roi de France, sous le nom de Charles V, après avoir nommément désigné *les Comtes, Vicomtes, Barons, Chevaliers & autres Nobles*, les confond tous sous le titre commun *desdits Comtes & Barons* ( 4 ).

On ne peut donc pas contester que le règlement de St. Louis n'embrasât les divers membres du Clergé & de la Noblesse, sous les dénominations générales de *Prélats*, de *Barons*, de *Chevaliers*.

Voyons maintenant s'il est vrai, comme on le prétend dans les observations, que ce règlement autorisât le Sénéchal ou le Prince à faire, pour la formation du Conseil ou Assemblée, *un choix dans le Clergé, la Noblesse & le Tiers-Etat, de Citoyens désintéressés, loyaux & fideles*. Mais quand même nous admettrions, au mépris de la raison & de la vérité, une interprétation aussi étrange, elle ne justifierait pas l'organisation actuelle de nos Etats : elle ne justifierait pas le *choix* perpétuel des Evêques, des Barons & des Consuls de quelques Villes, à l'exclusion des autres Membres des trois Ordres, qui auraient toujours, aussi bien

---

(1) Hist. gén. de Lang. tom. 2, pag. 244, tom. 3, pag. 529.

(2) *Ibid.* tom. 1, pag. 438.

(3) Voy. notamment le tom. 4, pag. 511 de son Hist. gén. de Lang.

(4) Secousse, Ordonnances des Rois de France, tom. 3, pag. 100 & 101.

qu'eux, le droit d'être choisis ; à moins qu'on n'aille jusqu'à soutenir, que ce n'est que dans les classes des Evêques, des Barons & des Consuls de quelques Villes, qu'on trouve constamment *des Citoyens désintéressés, loyaux & fideles.*

La vérité est qu'il n'y a rien dans le règlement, qui conduise à l'idée d'un choix arbitraire : *Consilium non suspectum in quo sint aliqui de Prælatis, Baronibus, militibus & hominibus bonarum villarum.* Pourquoi ces mots indiqueraient-ils une Assemblée de personnes choisies par le Prince, plutôt qu'une Assemblée de représentans nommés par les trois Ordres ? Cette derniere version n'est-elle pas même la seule qui soit avouée par la raison & par l'esprit du règlement ? Que peut signifier le mot *aliqui*, sinon que l'Assemblée seroit insuffisante, s'il ne s'y trouvait pas quelques Membres de chacun des trois Ordres ? Que peuvent signifier les mots *consilium non suspectum*, sinon que l'Assemblée devait être composée de Membres ou de représentans, librement choisis par les intéressés ?

N'oublions pas que le Sénéchal de Beaucaire avait usurpé le droit de prohiber l'exportation ; que le règlement fut rendu sur les réclamations adressées à ce sujet au Roi par les Habitans de cette Ville ; & que, par ce règlement, il fut défendu au Sénéchal d'empêcher l'exportation, sans avoir pris l'avis d'une Assemblée non suspecte. Cela posé, toute autre interprétation que celle que nous donnons au règlement, ne mettrait-elle pas le Législateur en opposition avec lui-même ? Confier au Sénéchal le choix des Membres de l'Assemblée, qui devait délibérer sur les avantages ou les inconvéniens de l'exportation, n'eût-ce pas été le rendre maître des suffrages sur un objet dont le Roi entendait précisément lui interdire la disposition ? Laisser au Sénéchal la faculté de former l'Assemblée à son gré ou à celui du Ministere, n'eût-ce pas été autoriser une Assemblée évidemment suspecte contre l'intention exprimée de la Loi ? N'eût-ce pas été livrer le pays à la merci d'une administration arbitraire, au mépris du droit que la Province avait toujours eu de s'administrer elle-même ; droit que le Saint Roi, par la bouche de son prédécesseur, avait juré de respecter ; droit dans lequel il maintint lui-même ses nouveaux sujets, en déclarant, dans l'Ordonnance même qui contient le règlement sur l'exportation, qu'ils devaient être régis *conformément à l'usage établi de toute ancienneté dans le pays* ?

Nos observations ne sont-elles pas d'ailleurs confirmées

par un second règlement fait par Saint Louis sur le même objet & pour le même pays, au mois d'Août de la même année 1254 ? Par ce second règlement, il maintient les Habitans dans la faculté d'exporter à leur gré les denrées, à l'exception des cas où l'exportation pourrait être dangereuse : & dans ces cas, il veut que la prohibition soit déterminée dans une Assemblée, relativement à laquelle il n'emploie plus le mot *aliqui* : *quo casu*, se contente-t-il de dire, *fiat celebri & maturo consilio, nec factum cum consilio, sine consilio dissolvatur* (1) ; preuve certaine que, par ce mot, le pieux Monarque n'avait pas entendu s'arroger la faculté de choisir les Membres de l'Assemblée.

Ces mêmes observations ne sont-elles pas confirmées encore par la maniere dont le premier règlement fut exécuté dans la Sénéchaussée de Carcassonne ? Nous avons déjà dit que cette Sénéchaussée s'assembla trois fois en vertu de ce règlement. A la premiere de ces Assemblées, tenue l'an 1269, assisterent sept Evêques, avec les députés de leurs Chapitres, vingt-deux Abbés, le Prieur de Cassan, le Prévôt de St. Salvi d'Albi, & douze Commandeurs de l'Ordre des Templiers ou de celui des Hospitaliers, pour le Clergé ; vingt-sept *Seigneurs* pour la Noblesse ; & les Consuls de vingt-sept Villes pour le Tiers-Etat (2). La seconde & la troisieme, tenues en 1271 & en 1275, furent moins nombreuses : mais il résulte des lettres de convocation de ces deux Assemblées, ainsi que de celles de la premiere, que les divers Membres du Clergé & tous les Barons ou Hauts-Justiciers, y avaient été appelés avec les Consuls & les députés de toutes les Villes de la Sénéchaussée. Ces lettres portent, savoir, celles de l'an 1271, *Prælatos, & Barones, & Consules & communitates civitatum & aliarum bonarum villarum, de Senescallia Carcassonæ, convocavit* ; & celles de l'an 1275, *Prælatos, Barones terrarios, & Consules civitatum . . . .* ( 3 ). Nous avons déjà fait voir, en effet, que les divers Membres du Clergé

---

(1) Voy. ce réglement dans l'Hist. gén. de Lang. tom. 3, aux Preuves, pag. 508 & 509.

(2) Voy. le Procès-verbal de cette assemblée, avec les Lettres de convocation dans l'Hist. gén. de Lang. tom. 3, aux Preuves, pag. 585.

(3) Voy. ces Lettres, avec les Procès-verbaux de ces deux Assemblées, dans l'Hist. gén. de Lang. tom. 3, aux Pr. pag. 603, 604 & 605 ; & tom. 4, aux Pr. pag. 60, 61, & 62.

étaient compris fous la dénomination commune de *Prélats*, & ceux de la Noblesse, fous celle de *Barons*, Seigneurs, ou possesseurs de fiefs. Ajoutons que, dans les Procès-Verbaux de ces mêmes Assemblées, les Nobles qui s'y rendirent, font tous qualifiés, non de *Barons*, mais de *Seigneurs*.

On retrouve donc, dans toutes ces Assemblées de la Sénéchaussée de Carcassonne, ces *comitia plena* que l'auteur des observations feint de ne pas y reconnaître.

# NOTE V.

*Sur l'organisation des États-Généraux de Languedoc, depuis le commencement du $14^{me}$ siecle, jusques vers la fin du $15^{me}$, & sur leur qualité d'États-Généraux.*

Les Etats de Languedoc, qui n'avaient pu se tenir que partiellement depuis la division de la Province entre St. Louis & Raymond VII, recouvrerent leur premiere consistance avec leur qualité d'Etats-Généraux, après la réunion de tout le pays au Domaine de la Couronne.

Il ne faut pas confondre ces Etats avec ceux des autres Provinces du Royaume, qui doivent uniquement leur origine à la faculté que les Ducs & les Comtes s'arrogerent, fous le régime féodal, de convoquer les Etats de leurs terres, & qui conserverent leur nom & leur nature d'Etats particuliers, lorsqu'en rentrant fous le Domaine de nos Rois, ces Provinces se firent maintenir dans cet usage (1).

Nous avons fait voir, au contraire, que les Etats de Languedoc doivent leur établissement aux naturels mêmes du pays. Ils formaient dès-lors de véritables Etats-Généraux fous la forme d'une grande république. Sous les Romains, ils durent nécessairement conserver cette dénomination dans les sept Provinces qui formaient un corps séparé du reste des Gaules : ils la conserverent ensuite dans le pays successivement décoré du titre de Royaume des Visigots,

---

(1) Cazeneuve, tr. des Etats Gén. de Lang. fomm. 15.

de Royaume ou de pays Romain, de Royaume d'Aquitaine, de Toulouse, de Septimanie : ils la conserverent sous le Gouvernement féodal *là où le Languedoc n'étant pas le nom d'un fief, ni par même moyen ne relevant pas d'un seul Seigneur, mais étant une grande Province composée de divers Comtés & Seigneuries, ses Etats peuvent à bon droit être appelés généraux* (1) : ils la conserverent, après que nos Rois eurent rappelé tout le pays à leur ancien domaine ; puisqu'au quatorzieme siecle, ils étaient, dans cette partie méridionale de la France, sous le nom *d'Etats-Généraux de la Languedoc*, ce qu'ils étaient, dans le reste du Royaume, sous le nom *d'Etats-Généraux de la Languedoïl* (2) : ils l'ont enfin toujours conservée depuis, soit, parce que *toute la dignité des sept Provinces* ou de l'ancien titre *de Royaume, se trouve recueillie*, avec *le droit d'avoir des Etats* dans la Narbonnaise, Septimanie, ou Languedoc (3), soit, parce que *dans cette Province, il y a des pays qui ont des Etats particuliers, & dont les Députés ne laissent pas de se trouver aux Etats-Généraux de la Province* (4).

Ce titre d'Etats-Généraux, toujours donné aux Etats de Languedoc, ferait seul présumer que, lors de la régénération des Assemblées du Royaume *ou Etats-Généraux de la Languedoïl*, ils continuerent de se tenir dans une forme parallele à celle de ces Assemblées Nationales : mais nous avons d'ailleurs plusieurs monumens qui prouvent qu'ils étaient peut-être convoqués dans une forme encore plus constitutionnelle.

Assemblés à Montpellier, au mois de Juillet 1303, les Etats-Généraux de Languedoc défendent, avec la plus grande énergie, les libertés Françaises contre les entreprises de la Cour de Rome. Alors Philippe-le-Bel venait de rétablir en France le spectacle d'un Monarque mesurant sur les vœux de ses Sujets l'exercice de son autorité. Chose

---

(1) Cazeneuve, tr. des Etats Gén. de Lang. somm. 13.

(2) Hist. gén. de Lang., tom. 4, pag. 285, 288 & 289.

(3) Cazeneuve, tr. des Et. Gén. de Lang. somm. 22 & 23. Cela n'empêche pas que tous les autres pays compris dans *les sept Provinces* qui s'étendaient, du côté du midi, jusqu'aux Pyrénées, n'aient conservé le droit d'avoir des Etats, ou d'en réclamer le rétablissement, parce que ce droit, inhérent à la constitution primitive, est imprescriptible par la nature.

(4) Cazeneuve, *ibid.* somm. 16.

remarquable ! La Province, par ses Députés, avait déjà manifesté ses sentimens dans l'Assemblée Nationale ; & cependant le respect qu'on avait pour sa constitution originaire, la fit autoriser à les exprimer de nouveau dans une Assemblée locale, où se trouverent, pour la seule Sénéchaussée de Carcassonne, 8 *Abbés*, *le Prieur* de Cassan, *les Députés des Cathédrales* d'Albi & de Lodeve, de *la Collégiale* de St. Salvi d'Albi, *de diverses Abbayes, de quelques Commanderies* de l'ordre des Templiers, & de *plusieurs Prieurs*, pour le Clergé ; 37 *Seigneurs, Chevaliers ou damoiseaux*, pour la Noblesse ; *les Consuls & les Députés de* 79 *Villes ou Bourgs*, pour le Tiers-Etats (1).

Un si grand nombre de Membres pour les trois Ordres d'une seule Sénéchaussée, indépendamment de ceux qui ne s'y rendirent point, quoiqu'ils eussent été convoqués, n'annonce-t-il pas qu'on avait appelé à cette Assemblée les Membres ou les Députés de tout le Clergé ; tous les Nobles, possesseurs de fiefs ; & les Consuls & *les Députés* de toutes les Villes & Bourgs de la Province ?

Quelquefois les Nobles n'étaient pas tous appelés individuellement aux Etats de Languedoc : & alors ils avaient ordre de s'assembler par Diocèses, & de nommer ceux d'entr'eux qui devaient les y représenter. Nous en avons, entr'autres, un exemple dans les Etats tenus à Toulouse au mois de Décembre de l'an 1303, & auxquels assisterent *deux Gentilshommes Députés* par la Noblesse *de chaque Diocèse* (2) : mais il paraît que, le plus souvent, on convoquait tous les Membres de la Noblesse. Cette même Assemblée fut composée, pour le Clergé, *d'Evêques, d'Abbés ou de leurs envoyés, & de deux Députés du Clergé de chaque Diocèse*. Pour le Tiers-Etat, *toutes les Villes & Bourgs qui avaient plus de* 300 *feux, avaient nommé chacune deux de leurs Bourgeois ou Habitans*.

Qu'on vienne nous dire, après cela, que la forme de nos Etats n'était pas constitutionnelle, ou que le ministere était alors dans l'usage d'en choisir arbitrairement les Membres ;

Les plus anciennes Lettres que nous connoissions de ces temps reculés, pour la convocation des Etats-Généraux

---

(1) Hist. gén. de Lang. tom. 4, pag. 116.
(2) La Faille, Annales de la Ville de Toulouse, tom. 1. pag. 26.

de la Province, font celles que Philippe de Valois fit adresser l'an 1346 par le Duc de Normandie aux différentes Sénéchauffées qui composaient alors le Gouvernement de Languedoc : « par vertu desquelles Lettres, disait le
» Monarque, nous vous mandons & commettons que *les*
» *Prélats & personnes d'Eglise*, *les Barons & autres*
» *Nobles, communes & bonnes Villes* de la Languedoc,
» vous mandés & appelés sans délai, pour venir & assem-
» bler à Toulouse à certain jour...... (1) ». Point de dis-
tinction, comme l'on voit, entre les divers Membres de la Noblesse & du Clergé. Ils devaient tous être appelés, en vertu de ces Lettres, ou par eux-mêmes, ou par leurs représentans : & pour le Tiers-Etat, on devait y appeler, non quelques Consuls, à raison de leurs places ou offices, mais des Consuls ou des Bourgeois véritablement députés par toutes les bonnes Villes.

Nous avons aussi les lettres de convocation données pour les Etats célebres qui se tinrent à Toulouse au mois de Septembre 1355. Elles se trouvent dans une Ordonnance de l'an 1356 (2), par laquelle Charles fils ainé & Lieutenant du Roi Jean, confirma celle qui avoit été faite, en conséquence de cette assemblée, par le Comte d'Armagnac, Lieutenant du Roi dans le Languedoc. Par ces lettres, on avoit appelé » les Archevéques, Evêques, *Abbés, Prieurs*
» *& Religieux des différens états*, les Princes, Comtes,
» Vicomtes, *Barons, Chevaliers & autres Nobles des dif-*
» *férens états*, les Capitouls de Toulouse, les Consuls,
» *Communautés & Recteurs des Communautés* des Séné-
» chauffées de Toulouse, de Carcassonne, de Beaucaire,
» de Cahors & de Bigorre, & de quelques autres Provinces
» de la langue occitanienne ( c'est-à-dire de Lan-
» guedoc ) ».

A cette Assemblée assisterent, outre les Archevêques & Evêques, *les Abbés, Doyens, Prieurs & autres personnes Ecclésiastiques des différens Etats de toute la Province*, les Capitouls de Toulouse, avec *plusieurs Nobles, Chevaliers, Bourgeois, Marchands & autres personnes du Peuple de cette Ville.... ( 3 )*.

---

(1) Hist. gén. de Lang. tom. 4, aux Pr. pag. 204.

(2) Rapportée par Secousse, Ordonnances des Rois de France, tom. 3, pag. 99, 100, 101, &c.

(3) Ibid. pag. 111.

Par

Par le traité de Bretigni, conclu l'an 1360, le Roi Jean céda, entr'autres pays, au Roi d'Angleterre les Sénéchaussées de Périgord, de Querci, d'Agenois & de Bigorre, qui faisaient partie du gouvernement de Languedoc, depuis la réunion du Comté de Toulouse à la Couronne. Par-là, ce gouvernement se trouva restreint aux trois anciennes Sénéchaussées, de Beaucaire & de Carcassonne, & renfermé dans ses limites actuelles (1). Et voilà pourquoi elles furent appelées depuis *les trois Sénéchaussées de la Languedoc*. Il est vrai que les pays compris dans les autres Sénéchaussées ayant été repris sur les Anglais vers l'an 1369, furent réunis au gouvernement de cette Province: mais ils tinrent dès-lors leurs Etats particuliers, & n'assistèrent plus que très-rarement à nos Etats-Généraux (2).

Que, depuis le traité de Bretigni, jusques vers la fin du regne de Charles VI, on ait rarement assemblé *les trois Sénéchaussées* & les trois Ordres à la fois, c'est ce qu'on ne peut attribuer qu'aux calamités qui affligeaient le Royaume. Violemment agitée par les fautes de Philippe de Valois, plus encore que par la politique de son ambitieux rival; plongée dans un abîme de malheurs par la fougue & la témérité d'un Prince, qui, aux vertus d'un Chevalier de ce temps-là, ne joignait aucun des talens qu'exige la conduite d'un Empire; rétablie dans un éclat passager par la vigilance & la sagesse de Charles V, rejetée aux bords du précipice par la démence de Charles VI; bouleversée par le choc des passions les plus féroces qui semblaient avoir conjuré, avec la fortune, la ruine totale de l'Etat; livrée enfin aux Anglais par la perfidie d'une mere qui sacrifiait son sang & ses propres intérêts au plaisir d'une injuste & stérile vengeance; la Monarchie Françaife ne respira, pour ainsi dire, qu'après que les étonnantes victoires de Charles VII eurent ramené dans ses différentes parties le calme & la prospérité.

---

(1) Il faut néanmoins en excepter la partie de l'ancienne Sénéchaussée de Toulouse, située à la gauche de la Garonne qui fut démembrée, en 1469, du Gouvernement de Languedoc, & unie à celui de Guienne: aussi ne voyons-nous plus, depuis cette époque, les députés de Couserans, de Comminges, des Diocèses d'Auch & de Lombez &c., assister, comme auparavant, aux Etats-Généraux de Languedoc; quoique la plus grande partie de ces pays soient soumis encore à la Juridiction du Sénéchal de Toulouse.

(2) Hist. gén. de Lang. tom. 4. pag. 542 & 543.

Dans le cours de ces funestes époques, la Noblesse de Languedoc était presque toujours sous les armes. C'était par l'effusion de son sang qu'elle payait sa dette à l'Etat. Le Clergé remplissait ses obligations en particulier par des décimes qu'il accordait à nos Rois. Il ne restait donc que le Tiers-Etat pour consentir, dans les Assemblées de la Province, à la levée des impositions qui le concernaient. Jamais le besoin des subsides n'avait été ni si fréquent, ni si répété. Il n'était pas rare de voir s'assembler pour cet objet, jusqu'à deux & trois fois dans la même année, tantôt le Tiers-Etat *des trois Sénéchauffées*, tantôt celui de chaque Sénéchauffée en particulier. Ce n'étaient point, comme aujourd'hui, des Consuls dénués de tout caractère représentatif, mais des personnes véritablement députées par les communautés, qui composaient ces Assemblées. Telles furent, entre une infinité d'autres, l'Assemblée particulière de la Sénéchauffée de Carcassonne, tenue au mois de Février 1357, & composée des députés *de cinquante-trois Communautés* (1); celle de la même Sénéchauffée, tenue au mois de Février 1358, & à laquelle on avait convoqué *les députés des principales Communautés, au nombre de soixante-neuf* (2); les Assemblées des *trois Sénéchauffées*, tenues en 1361 à Beziers & à Carcassonne, & composées des députés des principales Communautés, *præsentibus & comparentibus sufficientur fundatis* (3); celle de l'an 1383, tenue à Lyon, à laquelle *les communes de Languedoc se rendirent par députés* (4); celles de l'an 1368 & de l'an 1371, pour lesquelles *la députation se fit par Vigueries & Judicatures & non par Diocèses* (5).

Quelquefois cependant, & sans doute dans les intervalles que la guerre laissait à la Noblesse, on assemblait les trois Ordres de chaque Sénéchauffée en particulier. Telle fut l'Assemblée tenue, l'an 1363, à Villeneuve-près-d'Avignon, & composée *des gens de chaque Etat, savoir, des personnes Ecclésiastiques, Barons, Nobles & Communautés* de la Sénéchauffée de Beaucaire (6).

On trouve même plusieurs Assemblées tenues, dans ces

---

(1) Secousse, Ord. des Rois de Fr. tom. 3, préface, pag. LXXV.
(2) Hist. gén. de Lang. tom. 4, pag. 294.
(3) Ibid. aux Pr. pag. 270.
(4) Ibid. pag. 384.
(5) Ibid. pag. 336 & 349.
(6) Secousse, Ord. des Rois de Fr. tom. 3, pag. 620.

temps désastreux, par les trois Ordres des trois Sénéchaussées. Telles sont les Assemblées tenues, en 1365 & 1366, par le Maréchal d'Audenehan, Lieutenant du Roi en Languedoc ; l'Assemblée tenue à Toulouse l'an 1376 ; l'Assemblée des trois Etats d'Auvergne, Velai, Gevaudan, Rouergue, Querci, & des trois Sénéchaussées de Toulouse, Carcassonne & Beaucaire, tenue à Rhodès l'an 1387, pour l'évacuation des places que les Anglais occupaient dans la Province, &c.

Quelquefois la Noblesse renonçait généreusement à l'exemption des subsides, qui lui était si bien acquise par les charges ruineuses du service militaire auquel elle était assujettie. Ce fut ainsi notamment qu'elle concourut, avec le Clergé & le Tiers-Etat, au paiement de la rançon du Roi Jean, après le traité de Bretigni. Peut-on rappeler, sans attendrissement, le zèle que fit alors éclater toute la Province ? Le croirait-on, si le temps n'en avait respecté les preuves les plus authentiques ? *Les trois* seules *Sénéchaussées* de Languedoc accorderent volontairement, & sans que les contribuables en murmurassent, pour le rachat de ce malheureux Monarque, autant que toutes les autres Provinces ensemble ( 1 ). Voilà ce que peut produire une bonne organisation d'Etats, dont le patriotisme est toujours inséparable !

Enfin l'usage d'assembler périodiquement tous les ans les trois Ordres ou Etats-Généraux de Languedoc, s'établit irrévocablement à la faveur du calme que l'heureux & victorieux Charles VII fit renaître dans la France entière.

La forme constitutionnelle dans laquelle ces Etats étaient & avaient toujours été convoqués, est attestée par l'Ordonnance que ce Prince adressa, l'an 1427, au Comte de Foix, son Lieutenant en Languedoc. » Nous avons ouï, disait-il,
» la doléante & grieve complainte à nous faite de par les
» gens des 3 Etats de notred. pays de Languedoc, expo-
» sés par leurs Notables Ambassadeurs & Messagers pour
» ce envoyés pardevers nous, disans que jaçait que *de*
» *tout temps* ils soient en telle liberté & franchise, que
» aucune aide, ou taille, ne doit de par nous être sur
» eux imposée, à quelque cause que ce soit, sans pre-
» mierement appeler à ce & faire assembler le conseil ou
» *les Députés des 3 Etats d'icelui pays*, & que en lad.
» liberté ou franchise les avons jusques-ci maintenus ; néan-
» moins par vertu d'une simple Lettre-Patente commandée,

---

(1) Hist. gén. de Lang. tom. 4, pag. 307 & 308.

» & faite, & fcellée fous notre fcel, à la relation de vous
» notre coufin & Lieutenant, fans que lad. Lettre ait été
» par nous páffée, ni fans y avoir aucunement appelé
» *led. confeil des 3 Etats*; vous avez impofé & mis fus
» aud. pays un aide nouvel de 22 m. liv. tour., outre &
» par-deffus la derniere aide de 90 m. francs, qui par le con-
» fentement defd. 3 Etats, y avait été paravant impofé.....
» pour ce eft-il, que nous ces chofes confidérées...... à
» iceux complaignans avons...... octroyé & par ces pré-
» fentes octroyons, de notre grace fpéciale, fe meftier
» eft, que d'icelui aide de 22 m. liv. & de tout autre nouvel
» aide, dont on les voudroit charger, ils foient tenus en
» fouffrance & fufpens, fans plus avant y procéder.....
» jufques à ce qu'à la prochaine Affemblée des 3 Etats de
» notre obéiffance..... en foit par nous autrement ordonné,
» & voulons que tout ce que depuis led. appel aurait été
» fur ce fait & attempté par exécution ou autrement,
» foit réparé, & par cefd. préfentes, le mettons au
» néant...... (1) ».

*Sans affembler les Députés des 3 Etats* ( c'eft-à-dire des 3 Ordres ) d'icelui pays. Quand nous n'aurions pas prouvé que, dans tous les temps, les différens Ordres avaient affifté aux Etats de la Province, foit par l'univerfalité de leurs Membres préfens ou appelés, foit par des repréfentans munis des pouvoirs néceffaires pour obliger les contribuables ou les intéreffés, cette Ordonnance ne fuffirait-elle pas pour exclure toute idée de choix arbitraire de la part du Prince ?

Il faut néanmoins convenir que, dans l'ufage, la repréfentation du Tiers-Etat était infuffifante; puifque, n'étant formée que par les Députés des Villes & Bourgs qui avaient plus de 300 feux, & quelquefois par les Députés des *bonnes Villes* feulement, elle ne réuniffait par les vœux & les pouvoirs des autres, & moins encore ceux de la claffe laborieufe & utile des Cultivateurs.

Ce n'était que par rapport à la Nobleffe & au clergé, qu'il ne reftait rien à defirer dans l'organifation de nos Etats.

A la vérité, il paraît que cette organifation commença bientôt à s'altérer relativement au Clergé. Dom Vaiffete remarque, en effet, *qu'au quinzieme fiecle, les Chapitres des Cathédrales par leurs Députés, & les principaux Abbés ; feulement, étaient convoqués à ces Affemblées*

---

(1) Hift. gén. de Lang. tom. 4, aux Pr. pag 432.

*avec tous les Evêques* (1) : au lieu qu'auparavant on y appelait aussi, comme nous l'avons fait voir, tous les Abbés & les Prieurs, les Députés des Commanderies, des Eglises Collégiales, des Religieux des différens états & autres Ecclésiastiques, ou les Députés du second Ordre du Clergé en général. Si, dans le quinzieme siecle, leur droit fut négligé, on peut assurer du moins qu'il ne fut pas ouvertement violé. La preuve en est dans des Lettres-Patentes de François I, qui, en 1533, parloit du droit d'entrer aux Etats de la Province, comme d'un droit commun aux *Archevêques, Evêques, Abbés, Prélats* (2). Cette Loi n'est pas plus limitative à l'égard des Abbés qu'à l'égard des Evêques eux-mêmes. Remarquons sur-tout qu'elle désigne expressément les *Prélats* après les Archevêques, Evêques & Abbés : preuve certaine qu'elle entend parler d'une autre Classe d'Ecclésiastiques, & donner au mot *Prélat* toute l'extension dont nous avons démontré qu'il est susceptible. En parlant même de la négligence du Clergé à se rendre aux Etats, elle désigne, en termes plus généraux encore, *iceux* Archevêques, Abbés, Prélats ET GENS D'EGLISE : de sorte que, sous tous les rapports, elle suppose évidemment la nécessité d'une représentation directe & suffisante par rapport à tous les Membres propriétaires ou intéressés du Clergé.

La Noblesse se maintint aussi, sans aucune altération, dans *ce droit d'entrée aux Etats, qu'avoient anciennement tous les Gentilshommes*, & qui est expressément attesté par Louvet (3).

» Au quinzieme siecle, dit également Dom Vaissete, *tous
» les Barons ou hauts-justiciers* étaient appelés indistinc-
» tement aux Etats (4) ». On voit que cet Historien confond ici le titre de Baron avec celui de haut-justicier, conformément aux principes que nous avons déjà posés.

Qu'on lise encore les Lettres-Patentes de François I, dont nous venons de parler. On y verra que « par l'an-
» cienne *forme, coutume & observance*, & pour le bien,
» profit & utilité de chacun des 3 Etats, les Comtes,
» Vicomtes, Barons, *Seigneurs & Gentilshommes*, ayant
» leurs Comtés, Vicomtés, Baronies, *terres & Seigneu-*
» *ries* dedans le pays de Languedoc, avaient coutume
» eux trouver & assister ordinairement aux Etats dudit

---

(1) Hist. gén. de Lang. tom. 4, pag. 511.
(2) Voy. ces Lettres-Patentes dans l'Hist. gén. de Lang. tom. 5, pag. 90.
(3) Voy. ses remarques sur l'hist. de Lang. pag. 173
(4) Hist. gén. de Lang. tom. 4, pag. 511.

» pays ». Il est donc certain que les simples Seigneurs, que tous les Gentilshommes qui possédaient quelque fief dans le Languedoc, jouissaient relativement à ces Assemblées, du même droit que les Seigneurs particuliérement titrés de Barons ou de Comtes, & que la nature de ce droit essentiellement fondé sur la propriété, formait une des conditions inhérentes à l'ancienne constitution.

On a vu aussi que quelquefois la Noblesse s'assemblait par Diocèses pour nommer ses Députés aux Etats-Généraux de la Province : & nous conviendrons volontiers que cette forme était la plus naturelle, parce qu'elle se rapprochait le plus de l'équilibre constitutionnel qui doit être maintenu entre les trois Ordres. Il ne manquait, pour porter l'organisation des Assemblées de Languedoc à son dernier degré de perfection, que de perpétuer la forme de la députation par rapport à la Noblesse, & de donner à cette organisation, en faveur des différentes Classes du Tiers-Etat, une extension respective & proportionnelle. Qu'il est douloureux de voir que cette même organisation fut bientôt remplacée, au contraire, par la forme la plus inconstitutionnelle qu'on trouve dans l'histoire du droit public des Nations policées !

## NOTE VI.

*Sur l'innovation vicieuse & destructive qui s'introduisit dans les États de Languedoc au commencement du 16<sup>me</sup> siecle, & sur les moyens qu'on employa pour la consolider.*

Nous avons tâché de développer ces objets dans le Mémoire. Il ne nous reste qu'à indiquer les preuves sur lesquelles nous avons fondé nos observations.

» Nous n'avons pas, dit Dom Vaissete, l'époque pré-
» cise où le nombre des Barons de la Province, qui entraient
» aux Etats, fut fixé & réduit au nombre des Diocèses qui
» composaient la Province : tout ce qu'on en peut dire en
» général, ajoute-t-il, c'est qu'elle doit être rapportée à la
» fin du quinzieme siecle (1) ».

---

(2) Hist. gén. de Lang. tom 5, pag. 98.

Les Etats n'étaient pas encore réduits en 1490 : nous en trouvons la preuve dans l'Ordonnance de Charles VIII, rendue à Moulins le 28 Décembre de cette même année, à la requête des Etats de Languedoc, *touchant le fait de la justice*, & enregistrée au Parlement de Toulouse le 27 Avril 1491. On lit dans le préambule..... « & à cette fin » eussent les gens des 3 Etats député 5 notables person- » nages d'entr'eux, à savoir....... Me. Jean Albi, *doyen de* » *l'Eglise de Carcassonne*..... ».

Ils n'étaient pas encore réduits en 1492, puisque Pierre de Lanafranca, *Abbé* de Canhotes, & *Précenteur* de l'Eglise Cathédrale de Carcassonne, fut un des Membres députés vers le Roi par les Etats tenus à Montpellier cette même année (1).

Ils n'étaient pas encore réduits en 1503, puisque nous voyons figurer *le Procureur des Barons de Gevaudan* dans l'Assemblée des Etats tenus cette année dans la même Ville (2). De cela seul, en effet, que les Barons de Gevaudan avaient nommé un Député pour les représenter aux Etats, il s'ensuit qu'ils n'étaient pas encore dans l'usage d'y entrer par tour : & l'on sait que cet usage ne fut introduit qu'après la fixation du nombre des Barons à celui des Diocèses.

Dom Vaissete parle d'un Baron de tour de Gevaudan, sur l'an 1504 (3). Mais nous verrons bientôt que les Barons de Gevaudan continuèrent long-temps d'entrer ensemble, & non un seul d'entr'eux *par tour*.

Il y a long-temps que le Vicomte de Polignac, l'un des Barons privilégiés, est dans l'usage d'entrer seul aux Etats pour la Noblesse du Diocèse de Velai : mais son prétendu privilege n'était ni avoué, ni toléré par ce Diocèse en 1520 ; comme il résulte du Procès-Verbal (4) des Etats tenus cette année au Pont St. Esprit. Il s'éleva une dispute entre l'envoyé du Vicomte de Polignac, & le sieur de Lardeyrol, député par la Noblesse de Velai. Le premier prétendait exclure le second, sous prétexte que le Vicomte

---

(1) Hist. gén. de Lang. tom 5, pag. 82.

(2) *Ibid.* pag. 96.

(3) *Ibid.* pag. 98.

(4) Voy. ce procès-verbal. On sait que les procès-verbaux des Etats de Languedoc ne commencent qu'à l'an 1501 : mais que d'actes antérieurs, ensevelis dans leurs archives, dont la Province pourrait tirer le plus grand avantage, s'ils lui étoient connus !

avait *Lettres & mandement du Roi pour assister aux Etats*, & que le sieur de Lardeyrol n'en avait point, non plus que ses constituans. Le sieur de Lardeyrol lui répondait qu'il n'entendait point l'empêcher d'assister à l'Assemblée au nom du Vicomte : mais il réclamait avec raison le droit d'y assister seul pour la Noblesse de Velai, comme ayant été seul *nommé*, pour cet effet, *par la plus grande & saine partie des Barons & Nobles* de ce Diocèse. Il produisit même une Enquête qui prouvait que *les Barons & Nobles* de Velai avaient toujours joui du droit de nommer leurs représentans aux Etats-Généraux de Languedoc.

Les Etats qui voulaient favoriser le Vicomte de Polignac, accordèrent l'entrée aux deux contendans. Ils attribuèrent même la préséance à l'envoyé du Vicomte, *sans préjudice toutefois pour l'avenir du droit des Barons dud. pays de Velai, quand viendraient aux Etats en personne pour eux & les autres Barons*; il fut en même-temps réglé que *dorénavant, L'ELECTION ET NOMINATION de venir & assister aux Etats pour lesd. Barons & Nobles se ferait chacune année en faisant l'assiette dud. Diocèse, pour éviter frais & dépens*.

Il est donc prouvé par ce Procès-Verbal que la Noblesse du Diocèse de Velai exerçait toujours le droit de députer aux Etats, & que, par conséquent, le nombre des Barons privilégiés n'avait été encore ni fixé, ni réduit à celui des Diocèses.

En 1524, les Seigneurs de Margon & de Murviel se présentent, chacun avec une lettre missive du Roi, pour assister aux Etats qui leur refusent l'entrée, & arrêtent « que les Seigneurs & autres, hormis les Comtes, » Vicomtes & Barons qui ont accoutumé assister aux Etats, » n'y assisteront point nonobstant lettres missives, ou » autrement, ne autres Lettres-Patentes qu'ils pourront » obtenir; & ce pour éviter confusion, & la mauvaise » conséquence qui se pourrait introduire (1) ».

Cette délibération fait présumer que déjà les Evêques, débarrassés des Membres du Clergé du second Ordre, qui, depuis long-temps, négligeaient de se rendre aux Etats, songeaient à se prévaloir aussi de la longue négligence des divers Membres de la Noblesse, pour exclure d'abord le petit nombre de ceux qui se présentaient, & dont le crédit était le moins redoutable, & pour préparer ainsi la réduction

---

(1) Voy. le procès-verbal des Etats tenus cette année à Pézenas.

du nombre des Barons à celui des Diocèses. Cette réduction est, en effet, si avantageuse aux Evêques, qu'on ne peut guere douter qu'elle n'ait été leur ouvrage. Mais il est certain qu'elle n'était pas encore opérée, & sur-tout qu'elle ne l'était par aucun titre : s'il en eût existé un, aurait-on manqué de l'opposer aux Seigneurs de Margon & de Merviel ?

En 1533, Lettres-Patentes (1) de François I, qui s'exprime en ces termes : « les gens des trois Etats de notre
» pays de Languedoc ....... nous ont humblement fait
» remontrer que, combien que, *par l'ancienne forme,*
» *coutume & observance* .... les Archevêques, Evêques,
» *Abbés*, *Prélats*, Comtes, Vicomtes, Barons, *Seigneurs*
» *& Gentilshommes*, ayant leurs Comtés, Vicomtés, Ba-
» ronnies, *Terres & Seigneuries* dans ledit pays de Lan-
» guedoc, eussent coutume eus trouver & assister ordi-
» nairement aux Etats dudit pays que par chacun an sont
» par nous mandés ez lieux pour ce ordonnés ; néan-
» moins iceux Archevêques, *Abbés*, *Prélats*, *& gens*
» *d'Eglise*, aussi iceux, Comtes, Vicomtes, Barons des
» Terres & Seigneuries en notredit pays, contemnent &
» discontinuent de venir & assister esdit. Assemblées &
» Etats ......, savoir, faisons que nous desirans pour-
» voir à l'indemnité ..... de la chose publique de notred.
» pays, avons ordonné & ordonnons ......, que doré-
» navant *les Prélats & Seigneurs temporels*, quand vien-
» dra à leur tour & rang, & qu'ils seront mandés soi
» trouver auxd. Etats & Assemblées, soient tenus venir
» & assister personnellement auxd. Assemblées desd.
» Etats ..... ».

Cette loi exclut visiblement toute idée de réduction antérieure. Elle atteste *l'ancienne forme* suivant laquelle les Archevêques, Evêques, Abbés, Prélats & gens d'Eglise, les Comtes, Vicomtes, Barons, Seigneurs & Gentilshommes, *possédans Comtés*, *Vicomtés*, *Baronies*, *Terres & Seigneuries dans le Languedoc*, devoient assister aux Etats de la Province : elle se plaint de ce qu'ils négligeaient de s'y rendre au mépris de cette forme. Après avoir ainsi distingué tous ces divers membres du Clergé & de la Noblesse, elle les confond tous sous la dénomination générale de *Prélats* & de *Seigneurs temporels*. Elle reconnaît que le droit de tous subsistait dans son intégrité, puisque l'injonction de se rendre aux Etats porte sur tous sans excep-

---

(1) Nous les avons déjà citées.

tion. Il est vrai qu'elle ne leur enjoint de s'y rendre que *quand viendra à leur tour & rang* : mais cette disposition, commune à tous les *Prélats* & à tous *les Seigneurs temporels*, ne peut servir qu'à nous confirmer dans l'idée de la parfaite égalité avec laquelle les divers Membres du Clergé & de la Noblesse devaient exercer le droit d'entrer aux Etats. Ajoutons que, bien loin d'être dégradée par l'usage de n'y être appelé que par *tour*, la constitution ancienne en aurait acquis plus de précision & d'activité.

Cette même disposition, qui est le premier titre où il soit question d'entrer aux Etats de Languedoc par *tour*, pourrait bien cependant n'avoir été que l'effet d'une combinaison adroite de la part des Evêques, qui, par-là, cherchaient peut-être à ménager l'occasion de ne faire appeler que ceux qu'ils jugeraient à propos, afin de pouvoir opérer insensiblement la réduction qu'ils méditaient. Ce n'est qu'une conjecture ; mais elle est d'autant plus probable, qu'elle concilie parfaitement les Lettres-Patentes de François I, publiées à la demande même des Etats, avec la délibération qu'ils avaient prise en 1524.

Peut-être aussi les Etats qui délibérerent de solliciter ces Lettres-Patentes, se trouverent-ils composés de personnes éclairées & justes, qui reconnaissaient l'illégitimité de la délibération précédente ; & qui desirant sincérement le bien public de la Province, voulurent faire établir l'usage d'entrer aux Etats *par tour*, afin que ceux qui *contemnaient & discontinuaient* de s'y rendre, fussent désormais sans prétexte pour s'en dispenser, & que ces Assemblées, devenues en quelque sorte désertes, recouvrassent leur consistance par l'obligation plus étroitement imposée aux divers Membres de la Noblesse & du Clergé, de s'y trouver successivement en nombre suffisant, obligation dictée par la loi fondamentale de toutes les *sociétés*, qui assujettit impérieusement tous les citoyens à contribuer, soit à la fois, soit les uns après les autres, à l'administration publique & à la conservation du dépôt commun.

Quoi qu'il en soit, il est certain que *les Seigneurs temporels* en général ne furent pas plus exacts qu'auparavant à se rendre aux Etats, ou que les Lettres-Patentes de l'an 1533 furent mal exécutées ; puisque, l'an 1544, François I en publia de nouvelles ( 1 ), pour ordonner de plus fort l'exécution des premieres.

---

(1) Hist. gén. de Laug. tom. 5, pag. 91 & 92.

Il n'eſt pas moins certain que les Evêques pourſuivaient toujours leur plan de réduction. Nous trouvons, en effet, que, dans l'intervalle de la publication de ces deux Lois, on avait refuſé l'entrée aux envoyés du *Baron* de Rieux, & des *Seigneurs* d'Arques & de Braſſac, & au *Seigneur* de la Voute, quoiqu'ils fuſſent *munis des Lettres de convocation du Roi.* On leur avait allégué *le dire de ceux qui d'ancienneté avaient aſſiſté aux Etats, que leſdits Seigneurs n'avaient pas accoutumé s'y trouver :* & fur cet unique fondement, on avait *conclu qu'ils n'entreraient pas, & que la délibération, fur ce, autrefois priſe, ſortirait ſon effet* ( 1 ) ; on entendait parler, ſans doute, de la délibération de l'an 1524. Le prétexte de ce refus eſt démontré faux, & par la maniere dont nous avons prouvé que les Etats étaient encore organiſés pendant le quinzieme ſiecle, & par les Lettres-Patentes de 1533, qui atteſtent que, *par l'ancienne forme, coutume & obſervance,* tous *les Seigneurs temporels* avaient *coutume eux trouver & aſſiſter aux Etats du pays.* C'était d'ailleurs une infraction manifeſte à ces Lettres-Patentes, qui enjoignaient à tous *les Seigneurs temporels,* ſans diſtinction, *d'aſſiſter à ces Aſſemblées, quand viendrait à leur tour & rang, & qu'ils ſeraient mandés en conſéquence.*

Auſſi » les Commiſſaires du Roi ſe plaignirent-ils de ce » refus, & demanderent-ils à voir les concluſions que les » Etats avaient priſes à ce ſujet, ce qui leur fut refuſé (2) ». Les Etats ou les Evêques qui dirigeaient tout, ne ſe feraient-ils pas empreſſés de communiquer ces prétendues *concluſions,* s'ils n'en avaient eux-mêmes reconnu le vice ? Quel ſiecle que celui où ils oſaient introduire l'uſage d'envelopper ainſi dans les plus épaiſſes ténèbres des opérations qui, par leur nature, devaient être publiques & ſoumiſes à l'inſpection & au jugement des trois Ordres réunis !

» L'Aſſemblée députa vers les Commiſſaires pour les » ſupplier de la laiſſer jouir de ſes privileges & libertés (3) » ; comme ſi les Etats pouvaient avoir des libertés ou des privileges particuliers & indépendans des privileges & des libertés de la Province ! Comme ſi les privileges & les libertés de la Province ne conſiſtaient pas eſſentiellement dans le

---

(1) Voy. le procès-verbal des Etats tenus à Albi l'an 1538.
(2) Hiſt gén. de Lang. tom. 5, pag. 148.
(3) Ibid.

droit d'être administrée par tous ses Membres ou par de vrais Représentans !

Le Baron de Rieux qui venait d'être refusé, eut assez de crédit pour se faire admettre deux ans après. On cacha le véritable motif de cette rétractation, sous le prétexte *d'un regiſtre de* 1491, qu'on ne trouve nulle part (1), & duquel il résultoit, disait-on, qu'un Baron de Rieux avait assisté cette année aux Etats (2). Mais s'il suffisoit d'alléguer l'usage observé dans le 15ᵐᵉ. siecle, il n'y avait pas de Seigneur qui ne dût être admis, puisqu'*au* 15ᵐᵉ. *siecle,* & d'après le témoignage de l'Historien même des Etats, *tous les Barons ou hauts-Juſticiers étaient appelés indiſtinctement* à ces Assemblées.

En 1555, délibération portant » que les Comtes, Vicom- » tes, Barons, *Nobles & Seigneurs* du pays de Languedoc » qui ont accoutumé d'avoir assistance & opinion esd. » Etats, se feront remplacer, en cas d'absence, par des » Gentilshommes d'ancienne extraction (3) ».

Les Comtes, Vicomtes, Barons, *Nobles & Seigneurs* du pays ! voilà l'ancienne constitution qui appelait toute la Noblesse indistinctement. Il suffisait d'être *Noble & Seigneur* pour avoir le droit d'entrer aux Etats. Pourquoi refusait-on donc l'entrée à tous les simples Seigneurs ? Pourquoi obligeait-on les Seigneurs mêmes qualifiés de *Barons*, à prouver qu'ils entraient anciennement aux Etats, dès que, selon l'ancien usage, les Barons & les simples Seigneurs y entraient tous sans exception ? Pourquoi ! c'est que la perte ou la supposition des anciens titres devenait par-là un prétexte spécieux pour admettre ou exclure arbitrairement : & c'était ainsi qu'on préparait la réduction du nombre des Barons à celui des Diocèses.

Le Baron de S. Sulpice se présenta, pour assister à cette Assemblée, avec des lettres de convocation du Roi, & une lettre de recommandation de la part du Connétable ; & il fut statué qu'il serait admis. Il est remarquable qu'on ne l'assujettit point à prouver qu'il assistait anciennement aux Etats, ainsi qu'on l'observait rigoureusement à l'égard de presque tous les autres. L'admission ou l'exclusion étaient donc devenues un objet entierement subordonné aux circonstances & aux degrés de faveur ou de crédit.

---

(1) Dom Vaissete, qui rapporte le fait, *ibid.* pag. 149, ne fait point mention de ce registre.

(2) Voy. le procès-verbal des Etats tenus à Lavaur l'an 1540.

(3) Voy. le procès-verbal des Etats tenus cette année à Carcassonne.

Cependant on continuait d'admettre à la fois plusieurs Barons de Gevaudan & de Vivarais. Témoin l'Assemblée tenue à Lavaur en 1556, à laquelle assisterent, avec le Marquis de Canillac, qualifié de *Baron de tour de Gevaudan*, le Seigneur de Peire, & le Seigneur de Cenaret par son Envoyé, tous deux Barons du même pays; & les Envoyés de Joyeuse, de Crussol & de Tournon, Barons de Vivarais (1): l'Assemblée tenue en 1558 à Montpellier, à laquelle assisterent le Baron de Peire & l'Envoyé du Baron de Cenaret en Gevaudan; & les Envoyés du Comte de Crussol, du Vicomte de Joyeuse en Vivarais, & du Baron de tour de Vivarais (2): l'Assemblée tenue dans la même Ville en 1561, à laquelle assisterent le Comte de Crussol, le Seigneur de l'Estrange, & l'Envoyé du Vicomte de Joyeuse en Vivarais (3): l'Assemblée tenue à Narbonne en 1563, à laquelle assisterent le Baron de l'Estrange, & les Commis du Vicomte de Joyeuse & du Baron de Tournon en Vivarais; le Baron d'Apchier, les Commis du Baron de Mercœur, du Baron de Cenaret & du Baron de Tournel en Gevaudan (4).

En 1574 » le Baron de Tresques demande à entrer aux » Etats suivant les facultés anciennes de sa Baronie & la » lettre close que le Roi lui a écrite.... Les Etats, pour la » conservation de *leurs* privileges, arrêtent que, lors- » qu'il fera apparoir par bons titres, que sa Baronie est » du nombre de celles qui ont d'ancienneté entrée aux » Etats, la séance lui sera accordée (5).

En 1576, l'Envoyé du Baron de Ferals fut repoussé sous le même prétexte, *& pour ne déroger aux anciennes Ordonnances & Statuts du Pays* (6). On a pu remarquer que les Etats, ou plutôt les Evêques qui en étaient l'ame, d'abord incertains & timides dans leur marche, prennent un ton plus assuré & plus décisif, à mesure qu'ils s'éloignent de l'ancienne constitution. Ici, ils invoquent pour la premiere fois *les anciennes Ordonnances & Statuts* de

---

(1) Hist. gén. de Lang. tom. 5, pag. 182.

(2) *Ibid.* pag. 185.

(3) *Ibid.* pag. 198.

(4) *Ibid.* pag. 258.

(5) Voy. le procès-verbal des Etats tenus cette année à Villeneuve d'Avignon.

(6) Voy. le procès-verbal des Etats tenus à Beziers en 1576.

la Province. Mais ils fe gardent bien de les citer : ils n'auraient pu y trouver que la conviction de l'injustice de leurs procédés ; à moins qu'ils n'entendiffent par *Statuts* de la Province, les titres clandeftins qu'ils pouvaient s'être faits eux-mêmes, & dont ils n'ofaient pas feulement parler.

L'exclufion du fecond Ordre du Clergé avait été opérée avec moins d'art que celle de la Nobleffe. En refufant l'entrée aux Abbés de Lagraffe, de S. Tiberi, & de Montolieu, lors des Etats tenus à Montpellier en 1554, au Pont St. Efprit en 1565, & à Carcaffonne en 1568, on s'était contenté de leur dire froidement, *que les Abbés du Pays n'avaient pas affiftance* ( ou *n'étaient pas reçus* ) aux Etats (1). On reconnaît bien là l'effet de ce joug irréfiftible fous lequel les Evêques ont toujours tenu le Clergé du fecond Ordre.

Quant au Tiers Etat, on ne recevait pour lui, dès l'an 1541 & même antérieurement, que les Confuls des Villes chefs de Diocèfes, avec les prétendus Députés des Villes diocéfaines (2), c'eft-à-dire les Confuls d'une Ville pour chaque Diocèfe.

En 1599, les Seigneurs de Florac & de Peire, tous deux Barons de Gevaudan, entrerent enfemble aux Etats tenus à Pezenas (3) : mais il fut décidé, dans cette Affemblée, » qu'à l'avenir il n'entrerait aux Etats qu'un Baron de » Vivarais & un Baron de Gevaudan par tour (4)». Alors fans doute le choix des Barons qui devaient avoir *le privilege* exclufif d'entrer aux Etats, fe trouvait irrévocablement fixé. Mais on n'ofait pas encore parler de cette fixation.

On lit, en effet, dans le procès verbal des Etats tenus à Beaucaire l'an 1600 » que le Corps des Etats eft compofé » de 22 Evêques, *des Comtes, Vicomtes & Barons qui* » *y ont entrée*, & des Commis des Villes capitales, & 22 » Diocèfes du Pays, qui ordinairement affiftaient aux » Affemblées defdits Etats». Là fe trouve expreffément fixé le nombre des Evêques qui entraient pour le Clergé, & celui des Villes pour le Tiers Etat. Mais on y parle vaguement des Barons qui entraient pour la Nobleffe, fans ofer dire que leur nombre avait été réduit à celui des Diocèfes : c'eft que les Evêques redoutaient fans doute encore les

---

(1) Hift. gén. de Lang. tom. 5, pag. 179, 270 & 292.
(2) *Ibid.* pag. 150.
(3) *Ibid.* pag. 490.
(4) *Ibid.*

réclamations des Barons ou Seigneurs exclus ; bientôt ils seront moins circonspects.

En 1612, les Etats tenus à Pezenas osent enfin rendre le fameux règlement, qui porte « que le nombre des » Barons sera réduit à 22 en tout, comme il avait été *de* » *toute ancienneté*, & qu'on vérifiera sur les anciens rôles » des secrétaires d'Etat ceux qui étaient mandés, afin » de choisir les 22 plus anciens (1) ». On pense bien que ce prétendu projet de vérification & de choix n'était qu'un moyen adroitement ménagé pour mieux surprendre la religion du monarque, & en imposer aux seigneurs qui se trouveraient exclus. Nous ne voyons pas, en effet, que cette vérification ait jamais été faite, quoiqu'on ait feint quelquefois de vouloir la faire.

En 1613 « le syndic général représente aux Etats qu'il » aurait poursuivi de leur commandement l'autorisation de la » délibération prise en 1612, portant règlement pour le » nombre de la Noblesse aux Etats ; *à quoi les Seigneurs* » *du Conseil n'auraient voulu pourvoir* ....... (2) » : c'est que la réduction des membres de la Noblesse, exprimée pour la premiere fois dans ce prétendu règlement, était illégale, faite sans pouvoirs, ou sans le consentement de la Province, & fondée uniquement sur ce qu'elle existait, disait-on, *de toute ancienneté* ; allégation notoirement fausse.

En 1615, il fut exposé aux Etats « qu'il se trouvait y » avoir plus de 22 de la Noblesse, ce qui était inter- » vertir l'ordre *de tout temps observé* ...... il fut arrêté » que les délibérations ci-devant prises..... seraient invio- » lablement observées, & notamment *celle de 1612, l'au-* » *torisation de laquelle serait poursuivie au* Conseil de » S. M..... (3) ». Mais les efforts des Etats, pour obtenir cette autorisation, furent long-temps inutiles.

Dans cette même assemblée, il fut question du mouvement que se donnaient la Noblesse ou quelques-uns de ses membres pour faire rétablir l'ancienne organisation des Etats : « & il fut enjoint aux syndics généraux d'empêcher » qu'il ne fût fait aucune *opposition* dans les Etats, & de » faire toutes les poursuites nécessaires au nom & *aux*

---

(1) Hist. gén. de Lang. tom 5, pag. 507.

(2) Voy. le procès-verbal des Etats tenus cette année dans la même Ville de Pezenas.

(3) Voy. le procès-verbal des Etats tenus dans la même Ville l'an 1615.

» *dépens* du pays .... » (1) pourfuivre, aux dépens de la Province, ceux qui réclamaient le rétabliſſement des droits les plus précieux de la Province ! il ne manquait plus que ce nouveau trait.

Dans un cahier de doléances (2) préſenté par les Etats en 1638, ils expoſaient au Roi que « le nombre des Nobles » qui avaient droit d'y entrer, était & avait été, de tout » temps, reſtreint & limité à 22, ainſi que celui des pré- » lats..... c'eſt, ajoutaient-ils, *la loi fondamentale de* » *cette aſſemblée, née avec la Province* ».

Voilà comment ils cherchaient à ſurprendre l'autoriſation tant deſirée, & qu'ils obtinrent enfin, en 1644, ſous le miniſtere du Cardinal Mazarin, qui fit rendre par le Conſeil du Roi un Arrêt conforme à leurs vœux (3).

Lorſqu'il s'agiſſait de lois qui pouvaient ſoutenir cet examen qu'exige l'intérêt public, les Etats étaient dans l'uſage de les faire adreſſer au Parlement de Touloufe : mais on juge bien que les lettres patentes, inſérées à la ſuite de cet Arrêt, ne furent pas adreſſées à ce tribunal, qui jamais ne les aurait enregiſtrées ; on trouva plus ſimple de les faire adreſſer aux Etats eux-mêmes.

Banni du Royaume par un Arrêt du Parlement de Paris, le Cardinal Mazarin *ſe vit réduit à ſe retirer du côté de liege* au commencement de l'an 1651 (1). La Nobleſſe de Languedoc ſaiſit cette circonſtance pour réclamer l'exercice de ſes droits, & fit préſenter par ſon ſyndic au Parlement de Touloufe une requête datée du 20 Mai de la même année, dans laquelle il était expoſé que, *ſuivant l'ancien ordre de la Province, tous les Gentils-hommes avaient entrée & voix délibérative aux Etats ; mais que, depuis, quelques particuliers avaient uſurpé le droit d'entrée à l'excluſion de tous les autres*. ...

Sur cette requête, Arrêt qui « permet à la Nobleſſe de la » Province de s'aſſembler à Touloufe pour y traiter tant » ſeulement de l'entrée par eux prétendue aux Etats, & des » abus qui s'y commettent ».

Le 26 juin, nouvel Arrêt par lequel, « ſans s'arrêter à

---

(1) *Ibid.*

(2) Ce cahier ſe trouve dans les regiſtres des Etats.

(3) Voy. cet arrêt dans le code des Loix Municipales de Languedoc, in 4°. tom 2, pag. 345.

(1) Abrégé chronol de l'hiſt. de Fr. par le P. Henault, ſur l'an 1651.

» certain

» certain arrêt du Conseil, la Cour ordonne que la Noblesse
» pourra continuer de s'assembler.... ».

Quelques jours après, Arrêt en faveur des Chapitres de la Province, qui demandaient aussi à être rétablis dans le droit qu'ils avaient d'entrer aux Etats.

Le 12 Juillet de la même année 1651, le syndic de la Noblesse expose au Parlement « que, tandis que la Noblesse
» s'assemble tous les jours pour traiter du droit d'entrée
» que tous les Gentils-Hommes ont aux Etats, lesd. Etats,
» pour déranger ses projets, ont trouvé moyen de faire
» mander les Etats au 18 du présent mois ; & d'autant
» que.... supplie....

» La Cour, vu le fait dont est question..... avant dire
» droit sur les fins & conclusions de lad. requête, ordonne
» qu'à la diligence du suppliant, le syndic de Languedoc
» sera appelé, pour, ce fait, être ordonné ce qu'il appar-
» tiendra ; & cependant, par provision, ordonne que
» l'Assemblée de lad. Noblesse nommera un Gentil-Homme
» de chaque diocèse de la Province pour avoir entrée,
» séance & voix délibérative aux Etats d'icelle (1) ».

Pour le malheur de la Province, *le Cardinal qui était à Cologne*, avait à la Cour un parti puissant, par lequel il *continuait de gouverner* (2). Il voulut soutenir l'Arrêt du Conseil, son ouvrage, & fit casser les Arrêts du Parlement de Toulouse.

Ainsi les Etats restèrent composés de 22 Barons, pour la Noblesse, conformément au nombre des Diocèses. En 1692, l'érection de l'Evêché d'Alais fit ajouter un 23me Baron. C'est l'unique changement qui soit survenu dans l'organisation des Etats depuis l'époque de cette réduction inconstitutionnelle & funeste que la Province n'a que trop long-temps tolérée.

―――――――――――――――――――

(1) Tous ces arrêts & requêtes se trouvent dans les registres du Parlement.
(2) Voy. le P. Henault au lieu cité.

www.ingramcontent.com/pod-product-compliance
Lightning Source LLC
LaVergne TN
LVHW051501090426
835512LV00010B/2265